JÜRGEN HUNKE

Mikado

DER HEBEL ZEIT

DIE JAHRHUNDERT-IDEE

Impressum

Wichtiger Hinweis:
Die im Buch veröffentlichten Hinweise und Empfehlungen wurden vom Autor sorgfältig erarbeitet und geprüft. Eine Garantie kann dennoch nicht übernommen werden. Ebenso ist die Haftung des Verfassers bzw. des Verlages für Personen, Sach- und Vermögensschäden ausgeschlossen.

1. Auflage September 2023

Mittelweg 111, 20149 Hamburg
Tel. 040 – 8222720
FAX: 040 – 822272111
Email: juergen@hunke-privat.de
www. mikado-verlag.de

ISBN 978-3-96194-214-5
Umschlaggestaltung: Chun-Li Hunke
Layout: Jürgen Hunke
Korrektorat: Andrea Wolf
Journalistische Beratung: Lars Dobbertin
Koordination: Daniela von Lengerke
Herstellung: KJM Buchverlag
Druck & Bindung: Belvédère, Oosterbeek, Niederlande

Vertrieb: KJM Buchverlag, Hamburg
www.kjm-buchverlag.de

Inhalt

Kapitel
1

Vorwort des Autors

„Die beste und sicherste Tarnung ist immer noch die blanke und nackte Wahrheit. Komischerweise glaubt die niemand."

Max Frisch

Die größte Lüge des Jahrhunderts:

„Denn eins ist sicher: Die Rente!"

Verstehen Sie dieses Buch bitte auch als eine Abrechnung mit den Menschen und Institutionen, die für die prekären Verhältnisse verantwortlich sind, in denen Millionen deutscher Rentner im Jahr 2023 leben – weil die staatlichen Renten unzureichend sind.

Ich habe mich über 50 Jahre hinweg mit dieser Problematik befasst, viele Artikel geschrieben, Vorträge gehalten, gewarnt, mich mit Journalisten und Besserwissern gestritten, Bücher veröffentlicht und mit Politikern, Professoren und miesen Geschäftemachern gerungen.

Vor 50 Jahren wurde die Jahrhundert-Idee geboren, dass eine zureichende finanzielle Ausstattung im Alter für die Mehrheit unserer Bevölkerung allein über den Hebel ZEIT erfolgreich gelöst werden kann.

Mehr aus einem Zufall heraus bin ich damals als Vertriebskaufmann mit der Versicherungs- und Kapitalanlagenbranche in Kontakt gekommen.

Meine Idee war es, aus bereits bestehenden Versicherungsprodukten einen Markenartikel zu entwickeln – ein Produkt mit

© dpa

hohem Wiederkennungswert und einer transparenten Preisgestaltung. Qualitativ hochwertig. Speziell an die Jugend gerichtet.

Junge Menschen sollten sehr früh, wenn auch nur mit kleinsten Beträgen, damit beginnen, in ihre Altersvorsorge zu investieren.

Mein großes Ziel war es, allen jungen Menschen in Deutschland verständlich zu machen, dass allein ein früher Beginn für stabile wirtschaftliche Verhältnisse auch nach ihrem aktiven Berufsleben würde sorgen können. Der Faktor Zeit war der alles Entscheidende.

Bereits als junger Mann von 27 Jahren brachte ich also ein Produkt an den Markt, gegen das es eigentlich kein einziges Argument gab. Das Preis-Leistungs-Verhältnis war unschlagbar.

Unsere Kunden, junge Menschen und auch ihre Eltern, waren begeistert, die Fakten überzeugten jeden. Meine Ideen und die daraus entwickelten Produkte feierten in den ersten zwanzig Jahren somit große Erfolge.

Dann zogen Neider und Nachmacher auf. Auch große Versicherungskonzerne entdeckten mehr und mehr junge Menschen und deren Bedürfnisse als eine attraktive Zielgruppe. Wir sahen uns Gegenwehr, ja sogar Anfeindungen ausgesetzt. Es ist peinlich und verantwortungslos, wie große Unternehmen damals mit Macht verhindert haben, dass eine derart überzeugende Idee wie unsere sich noch weiter ausbreiten konnte.

Über 50 Jahre lang habe ich mir die Frage gestellt, warum besonders die Politik, aber auch die Intelligenz in den Universitäten und der Journalismus sich nicht konsequent mit der Rentenproblematik und Altersarmut befasst haben.

Meiner Auffassung nach wäre es Aufgabe der Wissenschaft und Politik gewesen, schon in den Abschlussklassen der Schulen intensiv darüber zu sprechen und die Jugendlichen im Unterricht auf die Herausforderungen des weiteren Lebens konkret vorzubereiten.

Es bleibt eine der großen Fragen, warum genau dies eben nicht geschehen ist. In jedem einzelnen Gespräch versicherten mir Eltern und immer wieder auch Lehrer, wie dringend angezeigt dies selbst heute noch wäre, weil in unserem Land die meisten Menschen ohne private Vorsorge als Rentner nicht existieren können.

Ständig wird doch von Verantwortung und Moral gesprochen! Warum nicht über das Rentenproblem?

Waren und sind die kommenden Generationen bloß Spielball der Verantwortlichen? Woll(t)en sie die Probleme bewusst kleinhalten? Sich selbst Vorteile verschaffen? Wahlen gewinnen? Ansprüche sichern?

Wir hatten 50 Jahre Zeit, die Probleme zu lösen. Wir haben die Zeit leider nicht genutzt.

Jetzt, im Jahr 2023, lesen wir beinahe täglich von Rentnerinnen und Rentnern, die nach einem langen und rechtschaffenen Berufsleben in die Altersarmut schlittern. Beamte, Politiker, hochdekorierte Mitarbeiter der öffentlich-rechtlichen Medien hingegen sonnen sich in mitunter paradiesischen Verhältnissen.

Ich schäme mich für diese Personen.

Ich würde mir wünschen, dass es in Hamburg als erstem Bundesland in Deutschland eine Volksabstimmung über diese

Fragen gibt. Dass wir dafür auf die Straße gehen und Stimmen sammeln, dass der Höchstbetrag der gesetzlichen Rente in Zukunft auch für Politiker und Angehörige des öffentlichen Dienstes gilt.

Gesetzesänderungen sind mit den notwendigen Mehrheiten immer möglich, während der zurückliegenden Corona-Pandemie wurde dies zuletzt eindrucksvoll unter Beweis gestellt.

Das Problem niedriger Renten ist ungleich größer, deprimierender und alarmierender. Wer die realen Zahlen kennt, schaut mit großer Sorge auf unsere Kinder und Kindeskinder.

DIESES BUCH IST IN ERSTER LINIE EIN HILFERUF!

Vieles wird leider immer noch schöngeredet.

Dabei brauchen wir eine ehrliche, schonungslose Bestandsaufnahme. Nur eine offene Diskussion kann uns gemeinsam weiterbringen.

Als der damals so beliebte Arbeits- und Sozialminister Norbert Blüm seinen berühmten Satz formulierte: **„Denn eins ist sicher: Die Rente!“**, hat er wohl vor allem seine eigene gemeint.

Für Millionen Deutsche sieht die Realität heute leider ganz anders aus.

Ihr Jürgen Hunke

Kapitel 2

Flaschensammeln in Deutschland – weil die Rente nicht reicht!

Ich klage die Politiker an, die so etwas zulassen konnten! Die unser Land und viele seiner Bürger durch ihre „Arbeit“ auf der Parlamentsbank geradewegs in die Altersarmut „steuerten“.

„Der Ruhestand ist das einzige Lebensalter, in dem alle Menschen gleich sind – bis auf die Höhe der Rente.“

Ernst Reinhardt

Flaschensammeln in Deutschland – weil die Rente nicht reicht!

Haben Sie darüber schon einmal nachgedacht?

Sie ziehen Ihren Jackenärmel hoch bis zum Ellenbogen. Greifen dann, etwas ungelenk, in die schmale Öffnung eines öffentlichen Mülleimers hinein. Der Mülleimer hängt an einem Laternenpfahl, einen Tick zu hoch für Sie, um von oben hineinzublicken. Außerdem ist es draußen an diesem Morgen noch schummrig, leichter Nieselregen.

Sie sehen nichts. Greifen also mit langem Arm und ausgestreckter Hand einfach nur in das Dunkle hinein. Tasten links, tasten rechts, greifen nach Gegenständen, die Sie im Inneren des Eimers auf die Schnelle zu fassen bekommen.

Wenn Sie Glück haben, erwischen Sie eine leere Flasche. Acht Cent wert, 15 Cent wert, vielleicht sogar 25 Cent wert. Je nachdem, welche Art von Leergut Sie erwischen. Je nachdem, wie viel Glück Sie haben.

Wenn Sie Pech haben, greift Ihre Hand, was Flaschen angeht, ins Leere. Aber mitten hinein in andere Spuren der gerade zurückliegenden Nacht. In eine alte Chipstüte. An eine alte Bananenschale. In eine halb zu Ende gegessene Döner-Box mit Salat, schmieriger Soße und aufgeweichten Pommes Frites.

Haben Sie schon einmal darüber nachgedacht?

Und wussten Sie, dass sich immer mehr Rentnerinnen und Rentner in Deutschland, in unserem Land, auf diese Art und Weise ein Zubrot verdienen? Sich ein Zubrot verdienen *müssen*? Weil nämlich die monatliche Rente hinten und vorne nicht reicht. In Deutschland! In unserem vermeintlich hoch zivilisierten, wohlhabenden und lebenswerten Land!

Eigentlich sehe ich nämlich jeden Tag auf meinem Weg zur Arbeit: Flaschensammlerinnen und Flaschensammler.

Haben Sie sich das einmal vorgestellt? Wie Sie selbst in den dunklen Schlund eines Mülleimers hineingreifen?

Über mehrere Monate hinweg ist mir zuletzt auf meinem Fußweg eine ältere Frau aufgefallen. 70 Jahre vielleicht. Gar nicht einmal ungepflegt. Nur der Ansatz ihrer braun gefärbten Haare kommt gelegentlich etwas zu stark in Grau zum Vorschein. Sie ist unauffällig gekleidet. Über die Schulter trägt sie die große Tragetasche eines Discounters. Beim ersten Mal ist mir das nicht direkt ins Auge gesprungen. Erst aus der Regelmäßigkeit heraus habe ich die Tasche bemerkt und auch, dass sie gar nicht zufällig unterwegs ist, sondern das Gebiet gezielt durchstreift. Die ältere Dame ist auf der Suche nach leeren Flaschen, die sie anschließend im Supermarkt in ein paar Münzen umtauschen kann. Eines Morgens, als sich unsere Wege wieder einmal kreuzten, habe ich sie angesprochen.

Vertreten Sie die Auffassung, Flaschensammler seien selbst schuld, wenn sie auf Leergut angewiesen sind? Dass sie es auch anders hätten haben können? Dass sie nicht fleißig waren im Leben? Und vielleicht auf Abwegen? Vergessen Sie das bitte schnell wieder!

Christel Wilhelm, den Namen habe ich hier bewusst geändert, hat mir ihre Geschichte an diesem einen Morgen erzählt. In Kurzform geht sie so: Geboren 1952, absolvierte sie zunächst erfolgreich die Volksschule, lernte kurz darauf ihren Mann, einen Automechaniker, kennen. Gemeinsam packte das frisch gebackene Ehepaar an. Ihr Mann in der Autowerkstatt, Christel hinterm Tresen einer Eckkneipe, wo sie über 30 Jahre zuverlässig als Serviererin arbeitete. Ein Leben eher im Kleinen, aber immer anständig, redlich und glücklich. Die Ehe mit Anton hielt bis zu seinem krankheitsbedingten, leider viel zu frühen Tod.

Alleinstehend hat Christel nun das Rentenalter erreicht. Abgearbeitet, ihr Rücken und die Knie schmerzen nach den langen Jahren im Beruf.

Sie hatte sich auf ein paar schöne Jahre gefreut. Abgesichert durch ihre treuen Beitragszahlungen in die staatliche Rentenkasse.

Doch wissen Sie, wie hoch die Rente ausfällt, die Christel Wilhelm nach diesem rechtschaffenen, arbeitsreichen Leben jeden Monat bezieht?

Es sind 764 Euro monatlich!

Nach Abzug aller Kosten für Miete und Versicherungen bleiben Christel 4,30 Euro zum Leben. Pro Tag.

„Es ist zum Leben zu wenig und zum Sterben zu viel“, hat sie mir an diesem Morgen anvertraut.

Privat vorgesorgt hat sie nie. Christel hat sich einfach darauf verlassen, dass es wohl reichen würde, zu arbeiten und regelmäßig in die Rentenkasse einzuzahlen. So wurde ihr das auch immer weisgemacht.

Heute aber reicht es hinten und vorne nicht. Aber sie ist zu stolz, Sozialleistungen in Anspruch zu nehmen. Sie habe ihr Leben lang auf eigenen Füßen gestanden, gemeinsam mit ihrem Mann. Sie will niemandem auf der Tasche liegen. Auch jetzt nicht, in eigentlich höchster Not.

> Armut mit Anstand zu tragen ist ein Zeichen von Selbstbeherrschung.
>
> Demokrit

Aber weil das Geld eben hinten und vorne nicht reicht, weil ihre sozialen Kontakte in den vergangenen Jahren versiegt sind, da sie sich ein geselliges Leben mit Freunden einfach nicht leisten kann. Weil selbst ab und zu eine Tasse Kaffee irgendwo außerhalb des Budgets lag, hat sich Christel auf ihre alten Tage einfach nicht anders zu helfen gewusst: „Vor vier Jahren habe ich mit dem Sammeln angefangen.“

Anfangs war es ihr unangenehm. Sie hat sich geschämt. Nach links und rechts geguckt, ehe sie in die Eimer hineingriff. Heute sagt sie:

„Wenigstens sorge ich selbst für mich, bettele nicht und bleibe anständig.“

Anfangs hat sie mit Handschuhen in den Containern herumgewühlt. Heute fischt sie mit der bloßen Hand nach Glas und Plastik. Das Schlimmste war, als ihr einmal eine Ratte entgegengesprungen kam, die über ihre Schulter hinweg ins Freie vorbeizischte. Knapp an ihrem Gesicht vorbei.

Zwischen zwei und acht Euro springen auf Christels Touren heraus, die vom frühen Morgen bis in den Vormittag durch die Straßen rund um die Alster mit ihrer mondänen Kulisse führen.

Haben Sie einmal darüber nachgedacht, wie es ist, mit langem Arm in einem Mülleimer zu angeln?

Wissen Sie was?

Ich finde es zutiefst beschämend für unser Land, dass eine anständige, betagte Frau wie Christel Wilhelm an jedem Morgen kilometerweit durch Harvestehude rennen muss, auf der Suche nach ein paar Euro.

- Ich klage die Politiker an, die so etwas zulassen konnten! Die unser Land und viele seiner Bürger – oft genug Teil des Rückgrats unserer Gesellschaft – durch ihre „Arbeit" auf der Parlamentsbank geradewegs in die Altersarmut „steuerten". Sie hatten nur ihre Wiederwahl im Sinn!

- Ich drücke hier auch meine Verachtung für die Wissenschaft aus! Warum haben es diese angeblich so intelligenten und in jedem Fall fürstlich bezahlten Experten nicht schon vor Jahrzehnten hinbekommen, eindringlich und öffentlich vor den absehbar aufziehenden Problemen in Sachen Rente zu warnen? Sie hatten doch die Daten! Sie melden sich doch auch sonst zu Wort!

- Und auch die Journalisten, die Medien unseres Landes, haben für mich total versagt und tragen Verantwortung für dieses Desaster, vor dem unser Land steht. Sie hätten doch schreiben, fordern und in großen Lettern aufklären müssen!

Denn Christel Wilhelm ist ja leider kein Einzelfall. Mehr als eine Million Rentner in Deutschland bezogen 2021 Leistungen der Grundsicherung, mit der der Staat Renten aufstockt, die zu gering ausfallen, um den Lebensunterhalt bestreiten zu können. Und es werden immer mehr.

Ich habe mich in meinem Berufsleben, und davon handelt dieses Buch ja auch, eingehend und erfolgreich mit dem Thema Altersvorsorge auseinandergesetzt.

Für mich war die drohende Katastrophe schon in den 70er-Jahren deutlich absehbar.

Politiker, Wissenschaftler und Journalisten aber haben eine ganze Generation verraten und verkauft!

Bitte genau lesen:

10 Dinge, die sich Christel Wilhelm nicht leisten kann
… und das nach über 30 Jahren harter Arbeit!

1. **Schuhe besohlen beim Schuster**
2. **Einen Kinobesuch**
3. **Einen leckeren Eisbecher im Sommer**
4. **Eine Monatsfahrkarte**
5. **Eine Zugfahrt zu ihrer besten Freundin ins Sauerland**
6. **Einen Besuch bei der Pediküre**
7. **Eine neue Winterjacke**
8. **Haare färben beim Friseur**
9. **Einen Besuch im Planetarium**
10. **Ersatz für ihren abgebrochenen Backenzahn**

Kapitel
3

Sieben harte Fakten in Sachen Altersarmut

Eine ganze Generation sonnte sich damals
in (vermeintlicher) sozialer Sicherheit.
Kein Wunder, sie hatten ja Blüm im Ohr.
Die Rente ist sicher.

„Wenn du aber gar nichts hast, ach, so lasse dich begraben, denn ein Recht zum Leben, Lump, haben nur, die etwas haben."

Heinrich Heine

Sieben harte Fakten in Sachen Altersarmut

Bei der Altersarmut handelt es sich aus meiner Sicht um den größten und schlimmsten politischen und wirtschaftlichen Skandal unseres Landes seit Gründung der Bundesrepublik im Jahr 1949.

Der Skandal in Großbuchstaben vorneweg:

MAN HAT DAS ALLES SCHON VOR 50 JAHREN GEWUSST!

Aber niemand hat etwas gesagt. Oder es zumindest nicht laut (genug) gesagt. Stattdessen wurde drumherum geredet, beschwichtigt, gelogen, in die Irre geführt, laviert, geflickschustert und immer wieder drängende Probleme in die Zukunft vertagt.

Um sich um unangenehme Wahrheiten zu drücken. Um sich Arbeit zu sparen. Und um das Ergebnis bei einer kommenden Wahl nicht durch schlechte Nachrichten zu gefährden.

Kurzum: aus Ignoranz. Aus Faulheit. Und aus purem Eigennutz!!!

Dabei treten die Probleme seit Jahren und Jahrzehnten immer offener zutage. Nur vernünftig angepackt hat das ganze Drama bislang niemand.

Hier sieben harte Fakten zum Mega-Skandal deutsches Rentensystem:

Erster Fakt: Unser Rentensystem kollabiert!

Zugegeben, die Erfindung von Otto von Bismarck war auf den ersten Blick genial. Aus Nächstenliebe resultierte sie zwar vermutlich nicht: denn im 19. Jahrhundert hatte die Industrialisierung die Arbeiterschaft in tiefes Elend gezogen. Mit seinen noch heute berühmten Arbeitergesetzen versuchte der alte Reichskanzler ein Gegengewicht zu drohender Radikalisierung und Aufständen zu setzen. Im Jahr 1889 wurde unter Bismarcks Führung das „Gesetz betreffend die Invaliditäts- und Altersversicherung" verabschiedet – der Startschuss für die gesetzliche Rentenversicherung in Deutschland. Ein Vorbild für ganz Europa!

Arbeiter ab 16 Jahren und kleine Angestellte waren rentenversichert, zahlten 0,85 Prozent ihres Lohns in die Rentenkassen. Weitere 0,85 Prozent übernahm der Arbeitgeber. Einen staatlichen Zuschuss gab es auch: 50 Mark im Jahr. Altersrente bekam, wer 70 Jahre alt wurde und mindestens 30 Jahre einen Beitrag eingezahlt hatte.

Ich möchte Sie in diesem Buch nun nicht mit deutscher Geschichte quälen, aber auf das Jahr 1957 müssen wir dennoch in aller Kürze zu sprechen kommen: Die Rentenreform unter dem damaligen Bundeskanzler Konrad Adenauer im selben Jahr sah vor, dass die Höhe der Rente sich anhand der im Laufe der Jahre eingezahlten Beträge berechnet. Die Gelder, die man nach dem Ausscheiden aus dem aktiven Berufsleben erhielt, stiegen in der Folge enorm. Teilweise um bis zu 60 Prozent.

Die Finanzierung funktionierte über den sogenannten Generationenvertrag. Berufstätige Menschen sorgten mit ihren Beiträgen dafür, dass die Rentenkassen gefüllt waren.

Das Geld wurde dann per Umlageverfahren als Rente an die älteren Bürger ausgezahlt, die sich nach dem Erreichen der Altersgrenze aus dem aktiven Berufsleben verabschiedet hatten.

Zunächst funktionierte dieser Pakt zwischen den Generationen hervorragend. Kein Wunder. Es gab damals ja auch genügend junge Leute, die die nötigen Beiträge erwirtschafteten. Im Schnitt kamen fünf junge Berufstätige für einen Rentner auf. Die Wirtschaft florierte. Das System schien stabil zu funktionieren.

Doch es wurden schon damals schwerwiegende Fehler begangen. Fehler, die uns seit Jahrzehnten beschäftigen und die Millionen deutscher Rentner in die Armut führen und uns als Gesellschaft demnächst in ein absolutes Fiasko stürzen werden.

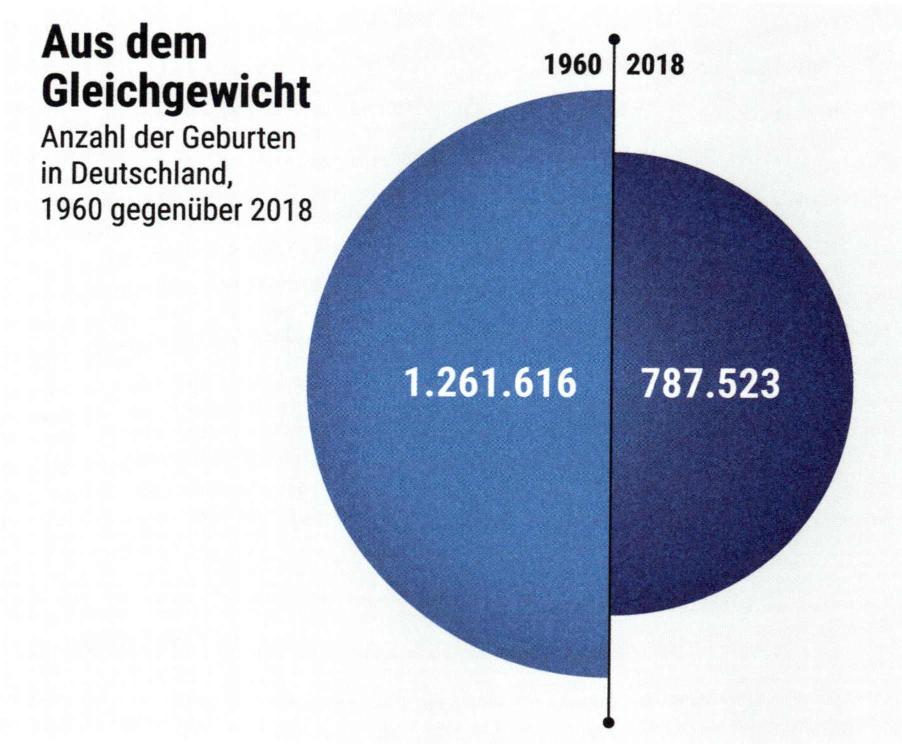

Fehler Nummer eins: Freiberuflern und Beamten erlaubte es Adenauer, auch weiterhin in eine kapitalgedeckte private Versicherung zu investieren. Der greise Kanzler schlug Warnungen in den Wind, nicht nur die angestellt Beschäftigten verpflichtend in die Rentenkasse zahlen zu lassen, sondern auch finanzstarke Selbstständige sowie Beamte. Bis heute entgehen dem Rentensystem auf diese Weise Millionen und Abermillionen durch Beiträge der Besserverdiener.

Fehler Nummer zwei: Adenauer bewies nicht genügend Weitsicht! Er sagte damals: „Kinder kriegen die Leute immer." Und sein System fußte darauf, dass sich der erwerbstätige Teil der Bevölkerung auf Dauer immer in genügend großer Zahl reproduziert. Leider ein fataler Trugschluss!

Hier der Beweis: Im Jahr 1960 lag die Anzahl der Geburten in der Bundesrepublik bei 1.261.616. Im Jahr 2018 war diese Zahl auf magere 787.523 Geburten gesunken. Hinzu kommt, was die Schieflage in der Geburtenrate noch erhöht, dass 1960 in der Bundesrepublik ca. 60 Millionen Menschen lebten, und heute sind es ca. über 82 Millionen!

Dies hat leider dramatische Folgen für das Rentensystem: Das Verhältnis zwischen Beitragszahlern und Empfängern ist längst vollkommen aus dem Takt.

Und wir werden diese Negativentwicklung – das ist ein offenes Geheimnis – auch nicht aufhalten können. Im Gegenteil: Die Zahl der Erwerbstätigen in unserem Land geht weiter zurück. Bereits im Jahr 2035 wird es nach aktuellen Berechnungen rund 7,2 Millionen weniger Menschen geben, die zwischen 18 und 67 Jahre jung sind.

Grund: Die geburtenstarken Jahrgänge 1955 bis 1969, die Generation der sogenannten Babyboomer, rücken unaufhaltsam ins Rentenalter vor.

Heißt auch: Aus den oben erwähnten fünf Arbeitnehmern, die zu Adenauers Zeiten für einen Rentner gesorgt hatten, waren schon im Jahr 2010 nur noch drei geworden. Und bis 2030 wird sich diese Zahl noch einmal reduziert haben. Dann werden es nur noch zwei Beitragszahler sein, die auf einen Rentner fallen. Diese Last kann ein normaler Mensch spätestens dann nicht mehr schultern. Das System implodiert.

Hinzu kommt, dass in Deutschland die Zahl der geringfügig, befristet oder in Teilzeit Beschäftigten (die sogenannten „atypisch Beschäftigten") seit 2000 geradezu explosionsartig gestiegen ist – um 25 Prozent nämlich! Alles natürlich keine Spitzenverdiener, die mit ihren Beiträgen auch nur ansatzweise für ausreichend volle Rentenkassen sorgen könnten.
Was das im Ergebnis heißt?

Das ganze Rentensystem in Deutschland ist morsch!

Es ächzt unter der eigenen Last wie ein altes Bettgestell mit einem schweren Mann darin. Isoliert betrachtet ist es sogar ein purer Insolvenzfall. Und würden wir uns den Fall innerhalb der freien Wirtschaft ansehen, wären wir wohl schnell beim Thema Insolvenzverschleppung. Denn eigentlich hätte der Staat sein Rentensystem lange, lange schon als bankrott melden müssen.

Was schwingt uns aber stattdessen heute noch im Ohr? Richtig, der berühmte Ausspruch des damaligen Arbeitsministers

Norbert Blüm, der 1986 lauthals ausrief: „Denn eins ist sicher: Die Rente".

Blüms Spruch – in meinen Augen das Symbol für den großen Rentenbetrug!

Denn mit seiner Aussage, auf die er sogar später noch stolz war und für die er Fotos auf Litfaßsäulen plakatierte, täuschte Blüm nicht nur über Tatsachen hinweg, die deutlich anders lagen.

Er führte mit seinem berühmten Satz:

> Denn eins ist sicher: Die Rente.
> Norbert Blüm

auch eine ganze Generation in die Irre, wiegte sie in der falschen Sicherheit, alles sei in Ordnung. Der Staat habe die Lage im Griff. Und zur Sorge bestehe kein Anlass: Wer nur fleißig arbeitet und Beiträge abführt, müsse sich um einen Lebensabend in finanzieller Absicherung nun wirklich keinerlei Gedanken machen.

Was für eine Irreführung! Was für eine dreiste Lüge!

Denn sicher war doch höchstens, *dass* jedem eine Rente, und sei sich auch noch so klein, gezahlt wird. Nur hatte Blüm verschwiegen, *wie niedrig* diese sein würde und dass sie zum Leben in vielen Fällen viel zu mager ausfallen würde. Dass es also auf private Vorsorge umso mehr ankommt, um im Alter tatsächlich sorgenfrei über die Runden kommen zu können. Die

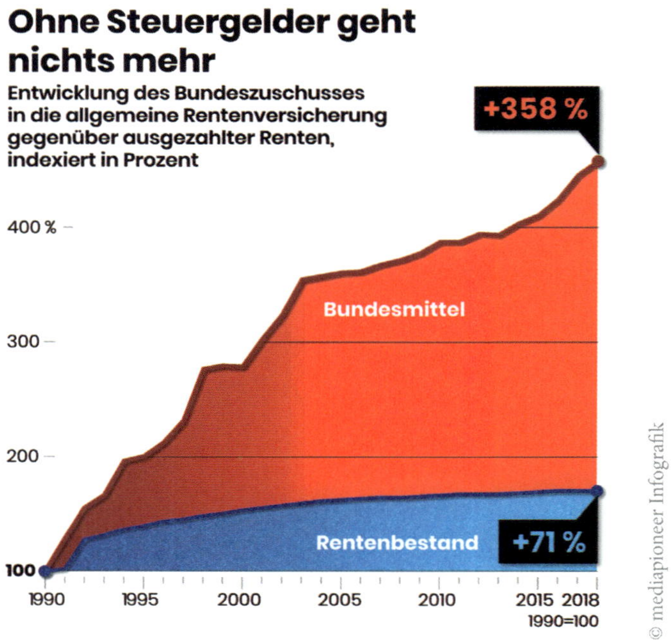

Menschen aber ließen sich täuschen. Und Blüm genoss seine große Popularität.

Ich selbst habe mit meiner Jahrhundert-Idee gegen Tricksereien wie die von Blüm angekämpft. Genaueres erfahren Sie in diesem Buch.

Hier aber schon ein Beispiel, das zeigt, wie marode das deutsche Rentensystem in Wirklichkeit ist: Im Jahr 1991 waren immerhin noch 92,2 Prozent der staatlichen Rentenausgaben durch Beiträge gedeckt. Im Jahr 2018 waren es gerade noch 85,31 Prozent. Es existieren milliardenschwere Lücken. Tendenz weiter fallend.

Und diese Entwicklung soll für die Politik nicht absehbar gewesen sein? Wer's glaubt, wird selig …

Wie aber schließt der Staat nun die gewaltigen Lücken in seinem Rentenhaushalt, die mittlerweile klaffen? Selbstverständlich durch Ihre Steuergelder, liebe Leser.

Hier die Zahlen: 1991 flossen bereits stolze 19,6 Milliarden Euro aus dem Steuertopf in die Rentenkasse. Und 2018 half der Staat der Rente mit satten 69,5 Milliarden Euro aus der Not. Macht eine Steigerung von 255 Prozent!

Fast logisch, dass die Renten, die unseren alten Menschen heute ausbezahlt werden, schmal ausfallen müssen und eben nicht für einen ruhigen Lebensabend reichen. Der Staat bedient sich an beiden Enden: Erhöht die Rentenbeiträge einerseits und greift andererseits auf seine Steuereinnahmen zu, um den Rententopf zu füllen.

Die Renten fallen dennoch karg aus.

Es ist bitter, aber wahr: Der Alltag als Rentner ist oft genug ein Leben im Stress. Millionen Menschen in Deutschland droht, erst recht in Zukunft, ganz konkret Altersarmut!

Zweiter Fakt: Immer mehr Rentner arbeiten nebenher, weil sie es müssen!

Wenn Sie heute 55 Jahre oder älter sind, werden Sie Ihre Erfahrungen gemacht haben, bei sich oder in Ihrem Umfeld.

Die Rente reicht schon heute bei vielen Menschen hinten und vorne nicht mehr aus. „Es ist purer Stress, wenn man jeden Cent dreimal umdrehen muss, bevor man ihn ausgibt“, sagte mir die Flaschensammlerin Christel Wilhelm in Hamburg.

Christel kauft beim Discounter nur nach intensivem Prüfen und dem Blick nach unten, weil sie weiß, dass dort die besonders günstigen Angebote stehen. Wenn unerwartet Rechnungen in der Post liegen, die nicht im mit spitzem Bleistift geplanten Monatsbudget eingepreist sind, oder jetzt Nachforderungen wegen der gestiegenen Energiepreise, löst das Angstschweiß und Kopfzerbrechen bei ihr aus: „Wie um Himmels willen soll ich das alles bloß bezahlen?“

Viele Menschen in Deutschland können sich vieles einfach nicht mehr leisten. Schon die einfachsten Dinge nicht.

Wissen Sie zum Beispiel, bei wie vielen Menschen in unserem tollen Land schon vor der Energiekrise im Winter 2022/23 jedes Jahr der Strom abgestellt wurde? Es sind über 300.000, die dann bei Kerzenlicht in ihren Wohnungen kauern, wenn es ansonsten aus Kostengründen dunkel bleibt. Tendenz sicher rasant steigend, wenn man die Zahlen angesichts der explodierenden Energiekosten in Deutschland erst genau kennt.

Und es sind immer mehr Alte unter ihnen.

Wen wundert es, wenn man die folgende Berechnung in einem ganz konkreten Beispiel liest und kurz einmal nachvollzieht?

Eine Altenpflegerin, die 45 Jahre in Vollzeit und auf Basis des branchentypischen Mindestlohns gearbeitet und Gutes für unsere Gesellschaft getan hat, bezog im Jahr 2018 eine Rente von 782 Euro, nach Einführung der neuen Grundrente 960 Euro monatlich. Wer zu dieser Zeit zum gesetzlichen Mindestlohn arbeitete, musste etwa 60 Jahre schaffen, um mit seiner Rente das Niveau der staatlichen Grundsicherung zu erreichen.

Spannend ist auch der Blick auf den sogenannten Eckrentner.

Ein Eckrentner, das ist gewissermaßen der Max Mustermann des deutschen Rentners. Eckrentner Mustermann hat 45 Jahre ohne Unterbrechung gearbeitet und vorschriftsmäßig seine Beiträge abgeführt. Wenn er über diese ganzen 45 Jahre das deutsche Durchschnittseinkommen verdient hat, lag seine Standardrente am 1.7.2022 in den alten Bundesländern bei 1598,40 Euro. Steuern werden darauf selbstverständlich auch noch fällig.

Doch: Wer schafft schon das, was Max Mustermann gelingt? 45 Jahre Durchschnittseinkommen ohne jede Unterbrechung. Jedes Abweichen von der Norm schlägt in kräftigen Abzügen zu Buche – die Rente reduziert sich also Stück für Stück in Richtung Armutsgrenze oder sogar darunter hinweg.

Immer mehr Menschen sind im Alter somit auf die Grundsicherung, auf die „Sozialhilfe für Rentner“ angewiesen, mit denen der Staat allzu geringe Renten „aufstockt“. Im Jahr 2021 waren es bereits mehr als 1,1 Millionen Bürgerinnen und Bürger. Tendenz auch hier: steigend!

Immer mehr Alte kommen mit ihrer Rente einfach nicht mehr aus und müssen auch nach Erreichen der Altersgrenze weiter schaffen.

Der Maler hilft nebenbei beim Renovieren, obwohl lange schon sein Rücken schmerzt. Der Koch im Ruhestand hilft zweimal wöchentlich vormittags in einer Werkskantine an den Herdplatten. Nicht, weil man als älterer Mensch gern weiter eine aktive Rolle in der Gesellschaft spielen möchte. Nein, weil es finanziell zwickt und zwackt und immer mehr: verdammt wehtut!

Dritter Fakt: Mogelpackung Grundsicherung

Kommen wir noch einmal kurz zur Grundsicherung, die ja eigentlich gar keine Rente ist, sondern eine Sozialhilfe. Denn sie wird aus der Steuerkasse gezahlt, wenn jemand die reguläre Altersgrenze erreicht, aber sein Einkommen und Vermögen nicht reichen, um den Lebensunterhalt menschenwürdig zu bestreiten.

Mehr als eine Million Menschen hätten heutzutage Anspruch auf die Grundsicherung, die seit dem Jahr 2023 für Alleinstehende 502 Euro im Monat und für Paare 902 Euro beträgt. Zusätzlich übernimmt das Sozialamt dann noch die Kosten für Unterkunft und Heizung, soweit diese angemessen sind.

Tatsächlich beziehen aber weit weniger Menschen die Grundsicherung, als offiziell ausgewiesen ist: Die einen stellen aus Unwissenheit keinen Antrag. Viele andere aus Scham dafür nicht, nach einem rechtschaffenen Berufsleben im Alter plötzlich zum Amt gehen zu müssen. Die Zahl der gemeldeten Leistungsbezieher täuscht also sogar noch über die in Wahrheit noch viel schlimmere Lage hinweg.

Armes Deutschland!

Vierter Fakt: Auch die Grundrente ist eine Mogelpackung

Die Begriffe klingen ähnlich, sind aber nicht zu verwechseln. Dort die Grundsicherung, mit der man die Rente bei Bedürftigkeit aufstocken kann.

Hier jetzt die Grundrente: Seit Januar 2021 belohnt der Staat diejenigen, die lange gearbeitet (mindestens 33 Jahre!), aber wenig verdient haben (30 bis 80 Prozent des Durchschnittsverdienstes) mit ebenjener Grundrente. So erhalten diese Rentner tatsächlich mehr Geld, als ihnen über ihre normalen Rentenpunkte zustünde. Das können schon mal 300 Euro im Monat zusätzlich sein – schön!

Das dicke Aber sei hier jedoch ebenfalls vermerkt (vgl. schon Grundsicherung): Die Politiker, die für die Einführung der Grundrente sorgten, wollten partout vermeiden, dass die zusätzlichen Zahlungen das Rentensystem weiter belasten. Die Kosten federn stattdessen auch hier unsere Steuermittel ab. Im Einführungsjahr sollen diese rund 1,3 Milliarden Euro betragen. Die Zuschüsse des Bundes in die löchrige Rentenkasse steigen also abermals.

Im Haushaltsjahr 2023 zahlt der Bund rund 102 Milliarden Euro an die Rentenkasse, damit diese überleben kann. Der größte Kostenfaktor bei den Staatsausgaben in Deutschland übrigens. Noch vor der Bundeswehr zum Beispiel.

Oben hatte ich es bereits geschrieben:
Das alles gleicht einer absoluten Bankrotterklärung.

Fünfter Fakt: Beamte und Politiker baden im Geld – ungerecht!

1621 Euro betrug 2022 die Standardrente nach 45 Jahren Arbeitszeit. Mickrige 1179 Euro betrug dagegen die Durchschnittsrente der Männer im Jahr 2021.

Beamte und Politiker, die meiner Meinung nach nicht nur sprichwörtlich, sondern auch tatsächlich in mancher Hinsicht weniger hart arbeiten als der normale Arbeitnehmer in der freien Wirtschaft, können darüber nur milde lächeln.

Als das Bundesinnenministerium während der Recherche zu diesem Buch aktuelle Zahlen veröffentlichte, bin ich beinahe vom Stuhl gefallen. Die durchschnittliche Pension eines deutschen Beamten liegt nämlich bei – wissen Sie es?

Bei 3160 Euro monatlich (die aber immerhin voll versteuert werden müssen)!

Rein rechnerisch müsste ein Arbeitnehmer mit Durchschnittsverdienst 92 Jahre arbeiten. 92 Jahre!!!

Von den Top-Positionen im Staatsdienst einmal ganz zu schweigen. Der Präsidentin der Deutschen Rentenversicherung (ausgerechnet ihr!) stehen über **10.000** Euro Pension im Monat zu. Ein Arbeitnehmer mit Durchschnittsverdienst müsste dafür 302 Jahre lang morgens zur Arbeit aufstehen. 302 Jahre!!!

Auch die Politiker dürften sich eins lachen.

Ein Abgeordneter im Bundestag kann sich bereits nach nur einem Jahr auf **einen** Pensionsanspruch verlassen. Einfachen Abgeordneten stehen nach einem Jahr 2,5 Prozent der Abgeordnetenentschädigung zu. Dieser Anspruch steigt mit jedem weiteren Jahr. Nach 27 Jahren auf der Abgeordnetenbank in Berlin winkt der Höchstsatz von 6750 Euro.

Abgeordneten winken 6750 Euro Rente – das kostet Deutschland pro Jahr mehr als 50 Millionen Euro Steuergelder!

Wollen Sie etwas zu den Kosten erfahren, die dem Steuerzahler dadurch entstehen?

Hier ganz wichtige Zahlen:

Der Bund gibt für Bundestagsabgeordnete in Pension mehr als 65 Millionen Euro jährlich aus. Seinen Apparat aus Beamten im Ruhestand alimentiert Vater Staat jährlich mit 65,65 Milliarden Euro. Schon bis zum Jahr 2025 steigen diese Ausgaben laut Sozialbericht der Bundesregierung sogar auf 81 Milliarden per annum.

Ich ziehe aus alledem folgenden Schluss: Statt die Rentenproblematik für unser Land anzupacken und zu lösen, haben die Politiker allein daran gedacht, wie sie selbst im Alter finanziell gut dastehen.

Immerhin: Das haben sie mit Bravour gemeistert.

PS: Die Zahl der Beamten in Deutschland steigt Jahr für Jahr weiter an.

Absurd! Wo führt das hin?

Sechster Fakt: Der Staat schläft weiter und weiter

Nicht nur beim Thema Rente hat der Staat in den vergangenen Jahrzehnten nahezu alle wichtigen Entwicklungen verschlafen und betreibt ausschließlich Flickschusterei.

Auch in Bezug auf andere zukunftsweisende Bereiche nimmt er seine große Verantwortung nur ungenügend wahr:

Beispiel Digitalisierung:

Hier hinken wir im internationalen Vergleich so weit hinterher, dass es einem als Deutscher schon peinlich ist. In Bezug auf die Entwicklung belegen wir einer Studie des Berliner European Center for Digital Competitiveness (ECDC) zufolge den vorletzten Platz in ganz Europa – hinter Albanien übrigens! Auch unter den G7-Ländern zählen wir zu den Schlusslichtern. Noch langsamer ging es bei den bedeutendsten Industrienationen nur in Japan voran.

Man kann sich darüber streiten, welcher Begriff besser auf unser Land passt: hinterwäldlerisch, rückständig oder steinzeitlich.

Hier einmal drei kurze Beispiele zur Digitalisierung in Deutschland:

1. Die Gesundheitsämter

Während der Corona-Pandemie wurden Zustände offenbar, die einen den Kopf schütteln lassen. Die meisten Ämter hantierten mit handgeschriebenen Listen, sie druckten sich Tabellen mit Daten aus, tauschten Dokumente per Fax aus und übertrugen Zahlen, Daten, Fakten anschließend wieder per Hand (!) in den PC.

Dummerweise konnte die daraus resultierende Pomadigkeit und Fehleranfälligkeit in einer Zeit, da ein gefährliches Virus die Menschheit bedrohte, ganz konkret Leben kosten.

2. Online zum Amt

Gerade in den baltischen Staaten ist es seit Jahren absoluter Standard: Die Bürgerinnen und Bürger in Estland oder Litauen zum Beispiel gehen nicht mehr zu Fuß los, um ihre Behördengänge zu erledigen. Das haben mir übrigens auch junge ukrainische Flüchtlinge berichtet, die nach dem Angriff Russlands nach Hamburg gekommen waren.

Den Reisepass verlängern? Einen neuen Wohnsitz eintragen lassen? Ein Auto anmelden? Das alles funktioniert dort online. Schnell, ohne lästigen Papierkram, smart. Mit dem Handy.

In Deutschland? Langsam kommen wir in Fahrt!

Die Mehrheit der Deutschen bewertet die eigene Stadt oder Gemeinde digital als rückständig. Dabei ist der Auftrag eindeutig: Vier von fünf Menschen in Deutschland würden lieber online zu Amt.

3. Katastrophenwarnungen

Schon lange wünschen sich die Deutschen Katastrophenwarnungen der Behörden, etwa bei schweren Unwettern, auf ihr Smartphone.

Die Realität: In unserem Land heulten bloß Sirenen (wenn denn überhaupt jemand daran dachte, den Alarm rechtzeitig auszulösen …). In der Nacht der Flutkatastrophe in Ahrweiler im Sommer 2021 kam erschwerend hinzu, dass es der WDR als öffentlich-rechtlicher Sender nicht für nötig hielt, sein laufendes Programm zu unterbrechen und die Menschen vor den aufkommenden Wassermassen zu warnen. Auf WDR 2 lief stattdessen weiter planmäßig die „ARD-Pop Nacht". Von Hochwasser sagte den Menschen niemand etwas.

Und Stunden später ertranken viele Menschen.

Viel zu spät hat die Politik hier endlich reagiert: Erst am 22. November 2022 erhielt ich auf meinem Mobiltelefon die Nachricht, dass das Bundesamt für Bevölkerungsschutz und Katastrophenhilfe zukünftig per Handy vor Notfällen warnen will.

Für mehr als 180 Tote des Hochwassers und ihre Angehörigen kommt diese Hilfe leider zu spät!

Was die Digitalisierung angeht, ist es in Deutschland wie mit so vielem: Es wird viel geredet, aber leider wenig getan und konkret umgesetzt. Kaum etwas wird von Politikern immer wieder als so wichtig beschrieben wie das Thema Digitalisierung. Doch richtig geschehen tut dann doch wieder nichts.

In China, der Heimat meiner Frau Chun-Li, ist man da wesentlich weiter. Wahrscheinlich sogar uneinholbar voraus. Da können Sie an der Kasse im Supermarkt per Gesichtserkennung bezahlen. Und im Schnellrestaurant registriert ein Scanner, was Sie am Büfett auf Ihr Tablett gelegt haben, und rechnet dann automatisch ab.

Oder nehmen wir die Versorgung mit LTE/4G. Auch hier ist vieles in Deutschland nach wie vor lückenhaft. Noch größer sind nur die schwarzen Flecken auf der Landkarte der 5G-Technologie.

Verlassen Sie mal die deutsche Großstadt. Schnell stellen Sie fest, dass Sie plötzlich nur noch mit viel Glück mobil telefonieren können („*Entschuldigung, ich war im Funkloch!*“). Mittlerweile lässt sich eher vom Gipfel des Kilimandscharo ein Gruß mit dem Smartphone in die Heimat übermitteln als auf einer Landstraße durch den Rheingau ungestört mit einem Geschäftspartner telefonieren.

Hier sind dringend Verbesserungen notwendig: Bitte umgehend anpacken!

Beispiel Infrastruktur:
625.000 Kilometer befestigte Straßen, rund 33.000 Kilometer Schienen und 539 Flughäfen haben wir in Deutschland.

Beeindruckende Zahlen, die allerdings ein grundlegendes Problem kaschieren: Ihr Zustand ist oftmals katastrophal. Rund 3000 Brücken gelten in Deutschland als baufällig, jede zehnte Autobahnbrücke ist ein Sanierungsfall.

Viel Verkehrsinfrastruktur stammt aus den 60er-Jahren, immer wieder wurde die Instandhaltung wegen angeblich dringenderer Aufgaben vertagt. Heute leben wir allein von der (alten) Substanz.

Deutschland bröckelt vor sich hin.

Binnenschiffer klagen über betagte Schleusen.

Ins deutsche Bahnnetz wird im Schnitt weit weniger investiert als in unseren kleineren Nachbarländern Österreich oder der Schweiz.

Deutschland holpert vor sich hin.

Man muss ja gar kein Pkw- oder Lkw-Fahrer sein, um das zu registrieren. Schon als Fußgänger bemerkt man, wie alles in die Jahre gekommen ist. Bürgersteige, Gehwegplatten. Alles ruckelt, ist uneben und schief. Das Unkraut wuchert durch die Zwischenräume. Statt zu verhindern, dass ältere (und jüngere) Menschen stolpern, kümmern sich die Gemeinden aber lieber um immer neue Poller am Straßenrand, die offenbar das Parken von Autos erschweren sollen. Oder um Zonen fürs Anwohnerparken, für das horrende Gebühren verlangt werden, die aber in die Verkehrswende gesteckt werden statt in befahrbare Straßen. Der Investitionsbedarf ist erschreckend. Und für ein hoch entwickeltes Land wie Deutschland geradezu unerträglich.

Bitte anpacken!

Beispiel Bildung:
Bildung ist das Stammkapital unserer Gesellschaft.

Unser gut durchdachtes Schul- und Universitätssystem war über Jahrzehnte der Garant unseres Erfolgs. Es wurde in aller Welt gelobt und bewundert, ja sogar exportiert.

Und heute? Marode! Veraltet! Viel unnötige Bürokratie!

Unser Schulsystem hält die Mehrheit der Deutschen für überholungsbedürftig. Es herrscht seit Jahren schon ein akuter Lehrermangel an unseren Schulen. Während der Corona-Pandemie, als Millionen Schülerinnen und Schüler in den Distanzunterricht geschickt wurden, erwies sich, dass die digitale Ausstattung der Schulen ebenfalls nicht in genügendem Maße vorhanden ist. Kaum eine Schule hat ordentliches Equipment, gerade auch als Angebot an finanziell benachteiligte Familien. Ein Unding, dass vielen Schülern im Online-Unterricht zu Hause dann ein Computer fehlte. Auch ein professioneller IT-Betreuer steht in kaum einer Schule parat, ebenso wenig ordentliches WLAN. Es fehlt überall an Hardware (PCs) und Software (technikaffine Lehrer)! Den Unterrichtsinhalten fehlen Praxisbezug und zeitgemäße Inhalte zur Berufsorientierung. Das Schulsystem ist zudem traditionell uneinheitlich.

> Es gibt nur eins, was auf Dauer teurer ist als Bildung, keine Bildung.
> John F. Kennedy

Missstände also, wohin man blickt.

Dabei sollen an unseren Schulen doch die Talente für morgen ausgebildet werden. Junge Menschen, die unser Land in der nächsten Generation voranbringen. Da ist es mehr als sträflich für mich, wenn nicht nur – auch das bezeichnend für die Mir-doch-egal-Haltung der Verantwortlichen – die sanitären Anlagen in vielen Schulen von gestern sind. Auch auf vielen fachlichen Feldern haben unsere Schulen akuten Nachholbedarf.

Bitte dringend anpacken!

Beispiel Innovation:
Kompliment, wir Deutschen sind hinter den USA führend bei den Patent-Anmeldungen – Platz zwei weltweit! Das beweist in meinen Augen durchaus die gewaltige Innovationskraft, die in der Wirtschaft und in den Unternehmen mit vielen klugen, ehrgeizigen Köpfen steckt.

Es wird viel Geld und Arbeitskraft in die Forschung und die Entwicklung gesteckt, in neue Produkte und Prozesse.

Schwach schneiden wir allerdings bei der digitalen Infrastruktur und der Transformation ab. Das Bewusstsein für die Dringlichkeit ist nicht überall in genügend hohem Maße ausgeprägt (siehe oben).

Das hat ernst zu nehmende Folgen, die schon jetzt zu spüren sind: Die großen Tech-Innovationen kommen nämlich allesamt nicht aus Europa, und schon gar nicht mehr aus Deutschland.

Google, Amazon, Facebook sind Erfindungen und Erfolgsmodelle aus den USA, die Mega-Handelsplattform Alibaba und der bei Teenagern unglaublich erfolgreiche Social-Media-Dienst TikTok stammen aus China.

Genau dorthin wird sich das Gewicht künftig noch weiter verschieben. Die Chinesen werden sogar die Amerikaner überflügeln. Wir Deutschen werden Technik in gar nicht allzu ferner Zukunft nurmehr für viel Geld importieren. Und uns weiter in eine bedrohliche Abhängigkeit begeben, die wir in Corona-Zeiten bereits zu spüren bekommen haben.

Anstatt das nicht nur zu erkennen, sondern vor allem mit aller Kraft dagegen zu steuern, diskutieren wir lieber leidenschaftlich über Gendersprache, Fahrradhelme, die Umbenennung von angeblich rassistischen Namen von Straßen und U-Bahn-Stationen in Berlin oder darüber, ob man noch Winnetou-Filme sehen sollte.

Als ob wir keine wichtigeren Probleme zu lösen hätten!

Siebter Fakt: Die Deutschen sind Vorsorgemuffel. Immer noch!

Ich sehe es als historische Schuld der deutschen Politik: Jahrelang wurden die Menschen hierzulande eingelullt. Alles sei in Ordnung. Keiner müsse sich Sorgen machen beim Thema Altersvorsorge. Alle wurden in trügerischer Sicherheit gewiegt.

Dieses bewusste Ablenken von dem, was wirklich ist – oder soll ich „lügen“ schreiben? – gipfelte in dem zu äußerst zweifelhafter Berühmtheit gelangten Satz des damaligen Arbeitsministers Norbert Blüm, der 1986 im Brustton der Überzeugung und auch noch stolz kundtat: „Denn eins ist sicher: Die Rente!“

Ein Satz als Täuschungsmanöver.

© dpa

Denn die Menschen vertrauten Blüm – mit fatalen Folgen.

Schon in den 70er- und auch noch in den 80er-Jahren hatten wir in unseren Verkaufsgesprächen mit meinem Unternehmen ZEUS mit sorglosen, wenig problembewussten Kunden zu kämpfen. Die größte Hürde, die wir daher überspringen mussten, war häufig, das Grundverständnis für die Dringlichkeit zu wecken, privat Vorsorge fürs Alter zu betreiben: Viele unserer jungen Kunden konnten gar nicht verstehen, was wir ihnen rieten. Dass sie eigenverantwortlich etwas für ihre Rente tun müssen. Dass die staatlichen Zahlungen nicht ausreichen würden.

Kein Wunder, sie hatten ja Blüm im Ohr. Die Rente ist sicher. Eine ganze Generation sonnte sich damals in (vermeintlicher) sozialer Sicherheit.

Dazu später mehr in diesem Buch.

Vor diesem Hintergrund wundert es mich auch nicht, dass wir Deutschen entgegen jeder Realität bis heute echte Vorsorgemuffel sind. Wir wollen es offenbar immer noch nicht richtig wahrhaben:

DIE GESETZLICHE RENTE WIRD NICHT REICHEN, UM DEN EIGENEN LEBENSSTANDARD ZU SICHERN!

Es gibt immer noch viel zu wenig Bereitschaft, schon in jungen Jahren in die eigene Altersvorsorge zu investieren. Nur 61 Prozent der Deutschen sorgen über die gesetzliche Rentenversicherung hinaus vor. Dass viele angeben, sie hätten dafür nicht genügend Geld, lasse ich nicht gelten.

Denn das Gegenteil ist richtig! Aus meiner Erfahrung heraus können sich nämlich, besonders bei einer langen Laufzeit über viele Jahre und Jahrzehnte, schon kleinste monatliche Beträge enorm auszahlen!

Oft wird die Zeit als der wichtigste Faktor ganz und gar unterschätzt oder gar nicht erst verstanden. Auf das Thema Zinseszins komme ich deshalb später auch noch einmal ausführlich zu sprechen.

Statt also auf eigene Faust etwas zu tun, sehnen sich viele Bürger danach, sich in die starken Arme von Vater Staat fallen zu lassen.

I. Wichtige Argumente

DAS ACHTE WELTWUNDER: DER ZINSESZINSEFFEKT

Der berühmte Physiker und Nobelpreisträger Albert Einstein soll den Zinseszinseffekt als „das achte Weltwunder" bezeichnet haben. Bewiesen ist das nicht. Fest steht aber in jedem Fall: Die Idee und der Effekt vom Zinseszins sind wie Einstein – absolut genial!

Denn wer träumt nicht davon, mit seinem Geld weiteres Geld zu verdienen, und zwar ohne auch nur einen Handschlag dafür zu tun? Einfach nur, weil er das Geld für sich arbeiten lässt.

Wer 100 Euro für ein Jahr zu einem Zinssatz von 5 Prozent anlegt, erhält 5 Euro Zinsen (100 Euro x 1,05 = 105 Euro). Nimmt der Sparer jetzt die 5 Euro gleich aus seiner Anlage heraus, fängt er im nächsten Jahr von Neuem an und kassiert für 100 Euro erneut 5 Euro Zinsen.

Was passiert nun aber, wenn er die Zinsen reinvestiert? Das Kapital erhöht sich! 105 Euro x 1,05 = 110,25 Euro. Es arbeiten nun nämlich nicht bloß die anfänglichen 100 Euro für einen, sondern auch die 5 Euro Zinsen aus dem ersten Jahr.

Nach zehn Jahren ergibt sich anhand der Beispielrechnung bereits ein Guthaben von 163 Euro. Hätte man die Zinsen hingegen jedes Mal entnommen, wären es nur 150 Euro!

Neben dem eingesetzten Kapital und dem Zinssatz wirkt sich also vor allem der Hebel Zeit beim Zinseszins ganz erheblich zu den eigenen Gunsten aus. Er hat bei einer langfristigen Geldanlage eine unglaubliche Wirkung!

Albert Einstein hatte es früh begriffen: Wer den Zinseszinseffekt versteht, verdient Geld – wer ihn nicht versteht, bezahlt ihn bloß.

Fast zwei Drittel fordern höhere staatliche Renten. Doch all die Rufe werden nichts bringen. Eher werden die Renten perspektivisch noch weiter schmelzen.

Selbstverantwortung wird also immer unverzichtbarer.

Bereits in ganz jungen Jahren, sofort nach dem Einstieg in das Berufsleben, muss sich jeder von uns aktiv um seine persönliche Altersabsicherung kümmern. Unbedingt!

Spare in der Zeit, dann hast du in der Not.
Deutsches Sprichwort

Denn wer nicht früh beginnt, kann die verpasste Zeit später nicht mehr aufholen – und hat dann im Alter verloren. Stichwort noch einmal: Zinseszins.

Erschreckend ist, dass die Bereitschaft in den vergangenen Jahren noch weiter gesunken ist. Zum einen mag das mit der zurückliegenden Corona-Pandemie zusammenhängen oder mit den Folgen des Krieges in der Ukraine. Die Menschen sorgen sich um ihre wirtschaftlichen Verhältnisse, müssen ihr Geld zusammenhalten und investieren erst recht nichts mehr ins Alter.

Allerdings: Auch über einen längeren Zeitraum von Jahren betrachtet hat die Bereitschaft, Abhilfe bei der Versorgungslücke zu schaffen, nachgelassen. Also völlig unabhängig von der aktuellen Situation der letzten Monate und Jahre.

- Fast jeder Zweite aus Haushalten mit einem geringen Einkommen (bis zu 1499 Euro netto) sorgt über die gesetzliche Rentenversicherung hinaus nicht fürs Alter vor.

- Jeder Fünfte unter den Normalverdienern (zwischen 1500 und 3499 Euro netto) spart nicht für seine Rente.

- Acht Prozent aus besserverdienenden Haushalten (mehr als 3500 Euro netto) investieren nicht in das Alter.

Heißt übersetzt: Weite Teile unserer Bevölkerung laufen geradewegs in eine absolute Falle hinein. Sie werden als Rentner deutliche Abstriche machen müssen. Ihr Lebensstandard wird teils dramatisch sinken.

Hier noch einmal eine Rechnung, die für jeden leicht zu verstehen ist: Ein sogenannter Eckrentner aus den alten Bundesländern in Deutschland erhält nach 45 Versicherungsjahren, in denen er durchgehend ein durchschnittliches Jahresentgelt erzielt hat, aktuell 1598,40 Euro brutto.

Rechnen Sie einmal durch, inwieweit das bei Ihnen zu einem sorgenfreien Leben im Alter reichen wird. Vor allem berücksichtigen Sie bitte die Abzüge für jedes fehlende Jahr Berufstätigkeit und Abzüge, wenn sich Ihr Jahresentgelt zwischendurch einmal unter dem Durchschnitt bewegt.

Lesen Sie vor allem weiter in diesem Buch, wenn ich Ihnen auf den folgenden Seiten meine Jahrhundert-Idee näher erläutere.

Kapitel
4

Tennisbälle für 20 Pfennig

Was du pflanzt, wirst du ernten.
Nur der Zeitpunkt ist ungewiss!

„Sie müssen eine Vision haben und sie durchsetzen – mit Motivation und Überredungskunst."

Friedrich Ebeling

Tennisbälle für 20 Pfennig

Ich bin kein Hellseher. Ich bin auch kein Wissenschaftler, der mit Algorithmen Entwicklungen am Computer vorwegnehmen kann. Ich bin weder Akademiker noch intellektuell.

Aber: Ich habe Bauchgefühl. Ich besitze Instinkt. Ich kann mich auf meine innere Stimme verlassen und eins und eins zusammenzählen. Mein Motto lautet: Die richtige Strategie zu haben ist wichtiger als Intelligenz!

Zu einem etwas ungelenken Mitglied einer deutschen Milliardärsfamilie in Westfalen habe ich bei einem Empfang vor einigen Jahren einmal ganz frech und frei heraus gesagt: „Während Sie in Eaton behütet aufs Internat gegangen sind, habe ich in Westfalen für zwanzig Pfennig die Stunde Tennisbälle aufgesammelt."

Es war ja tatsächlich so, während meiner frühen Kindheit in den 50er-Jahren entpuppten meine Freunde und ich uns als äußerst erfinderisch, die paar DM zusätzlich aufzutreiben, die es zu Hause nicht gab. Wir hielten aber auch sonst nach allem Ausschau, was sich aufbereiten und wieder neu verwenden ließ. Dafür gab es dann an der nächsten Ecke ein paar Mark fünfzig.

Wir schlugen uns durch.

Die Schule lief eher nebenher. Viel mehr Energie steckte ich in den Sport. Auf dem Fußballplatz war ich nicht zu bremsen, war ehrgeizig und ein lautstarker Antreiber meiner Nebenleute. Ich lief, peitschte nach vorne und stemmte mich mit allem was ich hatte gegen Niederlagen.

Was ich mit all dem sagen will: Ich war, von Hause aus, ein absolut bodenständiger Typ und bin es bis heute geblieben. Ich verstehe die Menschen, ich habe Antennen für sie, und ich kenne den Geruch der Straße.

Nach dem Krieg zog die junge Familie Hunke in die westfälische Heimat des Vaters. Mein Vater stieg in den Holzfachbetrieb seines Bruders ein. Meine Mutter führte den Haushalt.

Reich wird man nicht durch das, was man verdient, sondern durch das, was man nicht ausgibt.
Henry Ford

In Ostwestfalen haben zwei Unternehmen von Weltruf ihren Sitz: Der Elektromaschinenhersteller Miele und der internationale Medienkonzern Bertelsmann (47 Buchverlage allein in Deutschland). Weitere prominente Firmennamen aus der Region: Dr. Oetker, Melitta, Schüco, Seidensticker. Die Gegend ist bis heute auch das Zentrum der deutschen Möbelindustrie.

Der nüchternen Mentalität der Einheimischen fühle ich mich bis heute verbunden: Bodenständigkeit als Stärke. Ich gebe zum Beispiel nie mehr aus, als ich einnehme. Ich bin gerade in finanziellen Dingen immer vorsichtig gewesen und nie volles

Risiko gegangen, zumal mir der Idealismus, das emotionale Engagement, die Freude an der Sache immer wesentlich wichtiger waren als das pure Geldverdienen.

Fragen Sie, wen Sie möchten: Wer seinen Ehrgeiz bloß aufs Geldeinnehmen legt, hat schlechtere Chancen als der, der Dinge mit viel Leidenschaft anpackt.

Durch Ostwestfalen-Lippe läuft seit der Reformation eine konfessionelle Trennlinie zwischen den beiden christlichen Bekenntnissen. Wir Hunkes waren immer schon überzeugte Protestanten. Zu den Mahlzeiten wurde gebetet, am Wochenende ging es in die Kirche.

Und der Glaube nimmt in meinem Leben bis heute eine zentrale Rolle ein. Nicht, dass ich jeden Sonntag in die Kirche gehen würde, aber ich glaube fest an diese göttliche Energie, im Positiven wie im Negativen. Es gibt das Gute, und es gibt das Böse – das ist mein innerer Kompass.

Mein Wahlspruch lautet: „Was du pflanzt, wirst du ernten – nur der Zeitpunkt ist ungewiss." Wer also zum Beispiel Kartoffeln pflanzt, wird nun mal keine Bananen ernten können. Was übersetzt so viel heißt, dass jemand, der Böses tut, niemals etwas Gutes damit erreichen können wird.

Tue also Gutes und sei redlich. Es wird sich auszahlen. Früher oder später – allein der Zeitpunkt ist ungewiss.

Mit diesen Leitsätzen gehe ich bis heute konsequent durchs Leben. Und ich beobachte bei mir und anderen, im Großen und im Kleinen, wie sich meine Grundüberzeugung immer wieder bewahrheitet:

„Was du pflanzt, wirst du ernten – nur der Zeitpunkt ist ungewiss.“

Achten Sie doch einmal selbst darauf!

Nach dem Schulabschluss in Westfalen begann ich eine Lehre bei einem der unternehmerischen Giganten in meiner Heimat. Die Welt dort begeisterte mich spontan, besonders der Firmenchef Reinhard Mohn, ein Mann mit enormem Ehrgeiz und viel Kreativität.

Ich erinnere mich, dass wir Auszubildenden für einige Wochen in einem Lehrlingsheim irgendwo im Grünen untergebracht waren. Herr Mohn kam immer mal wieder vorbei und aß mit uns zu Mittag. Der große Vorstandsvorsitzende saß also mit uns Azubis am Tisch und unterhielt sich mit uns. Das war für ihn völlig normal. Für mich aber war es die erste Begegnung mit einem Menschen, der als Chef von vielen Hundert Mitarbeitern große Verantwortung für Familien und unterm Strich mehrere Tausend Menschen trug. Dennoch sorgte Mohn auf die angenehmste Art dafür, dass keine Befangenheit aufkam.

Einst gegründet als kirchlicher Verlag, startete Bertelsmann Anfang der 50er-Jahre voll durch und vergrößerte sich in rasendem Tempo. Das Geschäftsmodell des Leserings traf den Nerv der Zeit. Schon zu meiner Schulzeit überstieg die Zahl der Abonnenten die Millionengrenze, und es ging immer weiter nach oben. Bertelsmann hatte mit der Erfindung eines Abonnements, das für Buchtitel märchenhafte Auflagen garantierte, eine spektakuläre neue Idee, und setzte nun alles daran, diesen Erfolg weiter auszubauen.

Das größte Risiko ist, keine Risiken einzugehen. In einer Welt, die sich sehr schnell verändert, ist die einzige Strategie, die das Scheitern garantiert, keine Risiken einzugehen.
Mark Zuckerberg

Eine Vision haben, eine zündende Idee, ein Projekt, das in die Zeit passt – und dann alles dafür tun, dass aus der Theorie Wirklichkeit wird! Dieser Gedanke gefiel mir von Anfang an sehr. Ich hatte zu diesem Zeitpunkt zwar noch keinen solchen Geistesblitz, dem ich nachgehen, den ich umsetzen und mit Energie verfolgen konnte. Aber das Prinzip verinnerlichte ich damals in meiner Zeit bei Bertelsmann.

Es brauchte eine Vision von außerordentlichem Niveau, die Vision würde der Auslöser von allem sein, was folgt. Ohne diesen kreativen und einzigartigen Anstoß aber würde ich immer nur Durchschnitt bleiben.

Die Aufnahme an einer Werbefachschule in Hannover brachte mich meinem Ziel, eine eigene Vision zu entwickeln, wieder ein Stück näher. Vor allem das Thema Marketing und Vertrieb faszinierte mich im Schulalltag von Anfang an. In der jungen Bundesrepublik konnte ich als junger Mann interessante Produkte bewusst wahrnehmen, und in der Schule wurde dann im Unterricht darüber diskutiert. Das Mundwasser *Odol* mit der berühmten, unverwechselbaren Flasche. Der Autobauer *Mercedes* mit seinen schicken Modellen. Der Elektrogerätehersteller *Braun* mit clever gestylten Industriedesigns.

Wiedererkennbarkeit. Kluge Slogans in der Werbung. Und unschlagbare deutsche Qualität. Das hatte etwas, fand ich.

Gerade Anfang 22 war ich bereits verheiratet und erstmals Vater geworden. Da stolperte ich eines Morgens in der Tageszeitung über eine Annonce. Ein lokaler Dienstleister suchte einen Mann für den Außendienst. Ich bewarb mich, die Schule lief ja nur halbtags, sprach vor und bekam den Job.

Fortan fuhr ich in meinem Firmenwagen Apotheken und Drogerien an und empfahl den Inhabern neue Produkte für ihr Sortiment. Ich verknüpfte also die Theorie der Werbefachschule mit der praktischen Welt eines Verkäufers. Und stellte schnell fest: Hier besaß ich ein außerordentliches Talent!

Meine damalige Frau, eine Künstlerin, gestaltete kunstvolle Karten, mit denen wir meinen Besuch in einem Ladengeschäft stilvoll anzukündigen pflegten. Den Rest erledigte ich mit enormem Fachwissen und viel Eloquenz vor Ort. Ich beriet und überzeugte Apotheker und Drogisten, nicht nur bei dem, was sie kaufen sollten, sondern machte gleich noch Vorschläge dazu, wo und wie sie unsere Ware in ihrem Geschäft am besten platzieren sollten. Mit Erfolg: Die Umsätze bei meinen Kunden schnellten nach oben. Ich verdiente erstmals in meinem noch jungen Leben ordentlich Geld, konnte meine Familie ernähren und erarbeitete mir einen Ruf.

Wir müssen der Wandel sein, den wir in der Welt zu sehen wünschen.
Mahatma Gandhi

Dynamisch, kreativ, selbstbewusst und erfolgreich.

Bereits mit Mitte 20 war ich ehrenamtlicher Vorsitzender des örtlichen Tennis- und Golfclubs sowie der Jungen Union.

Weiterhin konnte ich mit 26 Jahren durch meine beruflichen Anfangserfolge für meine junge Familie ein Haus bauen.

Später war ich Fraktionschef und Vorsitzender der CDU für 16 Jahre und übernahm weiterhin ehrenamtliche Funktionen.

Mein Vater hatte mir einen wichtigen Rat mit auf den Weg gegeben: Wechsele die Anstellung sieben Mal, ehe du 30 Jahre alt bist!

Diesem Hinweis konnte ich etwas abgewinnen. In unterschiedlichen Häusern, mit unterschiedlichen Aufgaben und Menschen ließen sich wertvolle Erfahrungen sammeln, die einen schulten und weiterbrachten.

Ich wechselte also als Handelsvertreter in einen internationalen Kosmetikkonzern, für den ich dann in Hannover die Depots betreute. Bald machte sich dort der Verkaufsleiter selbstständig und bot mir an, sein Chefrepräsentant für Deutschland zu werden.

Ich verkaufte wie ein Weltmeister. Alles klappte. Ich verdiente relativ viel Geld. Erneut las ich in der Zeitung eine Annonce. Diesmal stammte sie von einem dänischen Unternehmer, der ein bahnbrechendes Europapatent in seinen Händen hielt: „Deutschlands bester Verkäufer gesucht!"

Das Inserat mit seiner frechen Aussage sprach mich an. Ich bewarb mich, trat selbstbewusst auf, hatte das nötige Glück, und bekam von über 50 Bewerbern den Job, da ich die für das Unternehmen wichtigen Einstellungsbedingungen mit einer Körpergröße von 1,88 Meter und dem Sternzeichen Zwilling besaß!

Der Däne Petersen war ein absoluter Selfmade-Typ. Er flog Hubschrauber ohne Lizenz. Er arbeitete zwei Tage am Stück, ohne zu schlafen. Ein verrückter Mann, sicher, aber immerhin einer mit Ideen und großer Kreativität.

Und sein Produkt war unschlagbar. Qualität und Preis waren überzeugend. Ich trieb Petersens Deutschland-Geschäft voran, bis er sein Unternehmen irgendwann über Nacht in die USA verkaufte.

Kurz darauf erhielt ich allerdings schon ein neues Angebot. Ich sollte als Landessdirektor bei einem Assekuranzunternehmen einsteigen.

Was ich nicht ahnte: Die damals etwas schläfrige Branche der Assekuranz entpuppte sich schnell als idealer Nährboden.

Für mich und für meine Königsidee.

Kapitel 5

Der Muff des Wohlstands – nichts für mich

Wovor fürchten sich die Menschen
in Deutschland am meisten?
Es ist nicht der Tod!

„Armut mit Anstand
zu tragen ist ein Zeichen von
Selbstbeherrschung."

Demokrit

Der Muff des Wohlstands – nichts für mich

Haben Sie eine Ahnung, wovor sich die Menschen in Deutschland am meisten fürchten? Nein, es ist nicht der Tod.

> **Wer Visionen hat, sollte zum Arzt gehen.**
> Helmut Schmidt

In Wahrheit fürchten sich die Menschen am meisten davor, arm zu werden. Dass sie ihre Rechnungen nicht mehr bezahlen können. Dass sie es sich nicht mehr leisten können, am gesellschaftlichen Leben, und sei es noch so bescheiden, teilzunehmen. Dass ihre Wohnungen im Winter kalt bleiben, weil ihnen das Gas abgestellt wird. Erst recht in diesem Herbst, da ich dieses Buch verfasse, ist die Angst vor dem nahenden Winter, in dem die Probleme so richtig zutage treten könnten, in Deutschland förmlich greifbar. Einer meiner Freunde in Hamburg hat den Rat von Ex-Finanzminister Wolfgang Schäuble tatsächlich ernst genommen und Wolldecken gekauft, statt zu Hause die Heizung anzudrehen.

Durch die dramatischen Änderungen in der Welt, sogar hier bei uns, mitten in Europa, ist die Angst der Deutschen vor dem wirtschaftlichen Absturz erstmals seit Jahrzehnten ganz konkret. Stichwort Ukrainekrieg, Stichwort Energiekrise, Stichwort Inflation: Die Zeitungen sind voll von Geschichten über ganz normale Bürger und Rentner, die den drohenden Niedergang ganz real vor Augen haben.

Mehr als jeder dritte Erwachsene in Deutschland (39 Prozent) rechnet einer Umfrage zufolge damit, im Winter 2023/24 seine Rechnungen für Energie nicht oder nur unter großen Schwierigkeiten bezahlen zu können.

Ja, es wird demnächst noch mehr Flaschensammler geben wie meine Bekannte Christel Wilhelm, von der ich weiter vorne in diesem Buch bereits erzählt habe. Und jede Menge Rentner, die an Haltestellen nach einem Euro für eine Fahrkarte fragen.

Die betteln müssen, um ihr Leben noch irgendwie meistern zu können!

Weil sie die explodierenden Rechnungen einfach nicht mehr bezahlen können. Und es sind ja nicht nur Gas und Strom. Alles in Deutschland ist teurer geworden. Erst neulich habe ich für eineinhalb frische Brote beim Bäcker zehn Euro auf den Tresen legen müssen. Zehn Euro für Brot – Wahnsinn!

Als ich Anfang der 70er-Jahre erstmals als Landesdirektor die Büros der Assekuranz betrat, war von all dem selbstverständlich noch nichts zu spüren.

In den dicken braunen Teppichen hing auch der Muff des bundesdeutschen Wohlstands dieser Zeit. Man hatte es, fast dreißig Jahre nach Kriegsende, bereits zu etwas gebracht. Die Geschäfte liefen, ohne sich groß auf den Kopf stellen zu müssen. Keiner dachte über großartige Neuerungen nach. Kein Höher-

Schneller-Weiter, das die heutige Zeit prägt. Es bestand damals auch kein Anlass dazu. Der Laden lief ja auch in gemütlichem Tempo. Lieber genoss man eine ausgedehnte Mittagspause und arbeitete anschließend ohne allzu großen Ehrgeiz dem nahenden Feierabend entgegen.

Die Versicherungsunternehmen schienen sich damals in ihrem Ruf zu sonnen. Für die Menschen waren es eher Behörden als Unternehmen. Versicherungsunternehmen genossen das volle Vertrauen der Menschen, ohne dass sich im Dschungel aus Tarifen und Schadenklassen irgendjemand näher auskannte.

Die Terminologie des Kleingedruckten in den Policen und in der Sprache der Versicherungen allgemein war – ich vermute, ganz bewusst – unverständlich gehalten. Kaum jemand verstand irgendetwas genau.

Den Menschen schien das alles egal. Sie versicherten sich ohne großes Nachdenken gegen alles Mögliche und gingen vollkaskogeschützt durchs Leben. Die Versicherungsunternehmen mussten noch nicht einmal groß etwas dafür tun. Ihre Geschäfte liefen glänzend und beinahe von allein.

Da kam ich gerade richtig: Ich war agil, voller Tatendrang und Energie. Bei meinem neuen Arbeitgeber machte ich schnell einen guten Job. Die reine Arbeit als Landesdirektor aber lastete mich nicht aus. Und so nutzte ich die verbleibende Zeit jeden Tag, um Beobachtungen zu machen und um nachzudenken.

Wie könnte ich meine bisherige Erfahrung, meinen Ehrgeiz und meine gesellschaftliche und politische Weitsicht nutzen? In was konkret umsetzen? Ich zermarterte mir den Kopf.

Ich spürte es deutlich in mir, es brodelte: Bis zu meiner Königsidee war es nun nicht mehr weit.

Und sie sollte kommen. Schneller als gedacht.

Kapitel
6

Neu und unschlagbar: Eine Versicherung als Markenartikel

Weshalb haben Politiker die private Altersvorsorge nie zu einer Pflicht für alle gemacht?

„Gib das, was dir wichtig ist,
niemals auf, nur weil es nicht einfach ist."

Albert Einstein

Neu und unschlagbar: Eine Versicherung als Markenartikel

Im Jahr 1945 übernahmen zwei junge Männer im Essener Stadtteil Schonnebeck das kleine Lebensmittelgeschäft ihrer Mutter Anna.

Die Brüder Karl und Theo Albrecht sollten später deutsche Wirtschaftsgeschichte schreiben. Sie brachten es mit ihren Ideen, ihrer Umsetzungsstärke und ihrer Konsequenz nicht bloß zu Millionen. Karl und Theo wurden mit ALDI (**Al**brecht **Di**scount) sogar zu mehrfachen Milliardären.

Die mutige Grundidee der Albrecht-Geschwister faszinierte mich bereits als junger Mensch.

Sie konzentrierten sich in ihren Läden ausschließlich auf schnelldrehende Grundnahrungsmittel. Nur, was schnell verkauft wurde, kam und, vor allem, blieb im Sortiment. Und sie hatten nicht wie andere Lebensmittelketten eine riesige und tiefe Produktpalette. Anfänglich hielt ALDI Nord gerade einmal 600 verschiedene Artikel vor. Verkauft wurde ohne jeden Schnickschnack, direkt aus den aufgeschlitzten Versandkartons von Paletten. Ladendekoration war überflüssig. Kaufhausmusik gab es nicht. Discount bedeute für die Brüder die Kunst des Weglassens.

Das Konzept ging schnell auf, und ALDI-Märkte schossen überall wie Pilze aus dem Boden. Unfassbare Mengen an Lebensmitteln gelangten bundesweit tagtäglich in den Verkauf.

Bei Lieferanten konnte ALDI durch diesen riesigen Absatz und seine insgesamt wachsende Marktmacht immer noch bessere Preise bei den Produzenten erzielen.

Und so gelang es Karl und Theo auch, ihren Kunden beste Produkte immer frisch und eben besonders günstig anzubieten. Das beflügelte das Geschäft umso mehr.

So einfach wie genial.

Das ALDI-Prinzip, ein Konzept, das mir nicht aus dem Kopf gehen wollte.

Es gibt nichts Mächtigeres als eine Idee, deren Zeit gekommen ist.
Victor Hugo

Ich trieb meine Recherchen weiter voran. Vertriebsalltag und nebenbei Bücher wälzen, Gespräche führen, Gedanken machen. Ich beschäftigte mich mit medizinischen, psychologischen, statistischen und versicherungsinternen Quellen. Und so kam es, dass ich irgendwann auf eine attraktive Zielgruppe stieß, die die Assekuranz damals noch gar nicht richtig im Blick hatte: junge Menschen.

Man hielt sie in der Branche für nicht besonders lukrativ; junge Menschen um die 20 Jahre verdienten ja meist nicht viel Geld, und man vernachlässigte sie daher.

Aber was mir bei meinen Studien aufgefallen war: Insbesondere die Berufsanfänger steckten in einem richtigen Dilemma, was ihren Versicherungsschutz betraf. Die Falle bestand in Folgendem: Bei einem Unfall auf dem Weg zur Arbeitsstelle bzw. während der Arbeit selbst griff im Fall der Fälle die gesetzliche Unfallversicherung. So weit, so gut. Geschah das Schadensereignis aber zum Beispiel nach Feierabend auf dem Nachhauseweg, bei einem kurzen Schlenker zum Supermarkt oder sogar gänzlich in der Freizeit, dann sprang die gesetzliche Unfallversicherung hingegen überhaupt nicht ein.

Auch die gesetzliche Rentenversicherung zahlte in den meisten Fällen, in denen junge Berufsanfänger zu Schaden kamen, keine Erwerbs- oder Berufsunfähigkeitsrente.

Denn dafür mussten zunächst sogenannte Wartezeiten erfüllt werden: Wer im Schadensfall erfolgreich Ansprüche an seine Rentenversicherung anmelden wollte, musste mindestens 60 Beitragsmonate, also fünf volle Jahre, abgeleistet, sprich: im Berufsleben gestanden und gearbeitet haben. Das war bei vielen jungen Menschen aber gerade nicht der Fall!

Eine echte Regelungslücke.

Und genau hier trat ein großes Problem offen zutage. Die Statistiken, die ich zur Rate zog, bewiesen es mir ja eindeutig. Zwei Drittel aller Unfälle ereigneten sich nämlich gerade nicht im beruflichen Zusammenhang, sondern in der Freizeit.

Im Straßenverkehr, im Haushalt, beim Sport. Und junge Menschen, auch das war aktenkundig, ich hatte es gelesen, waren überdurchschnittlich oft in solche Unfälle verwickelt. Das hat sich bis heute auch nicht groß geändert und liegt einfach in der Natur der Sache. Erinnern Sie sich nur einmal selbst an Ihre jüngeren Jahre zurück.

Als Jugendlicher oder junger Erwachsener setzt man sich einfach höheren Risiken aus, bewusst oder unbewusst.

Man ist unerfahrener, ungestümer und gedankenloser, durchaus auch risikobereiter. Warnungen von uns Älteren schlagen junge Menschen ohnehin gern in den Wind. Stattdessen testen sie Grenzen aus. Ihr Alltag ist temporeich, die Mobilität groß. Junge Menschen sind somit aus unterschiedlichen Gründen ganz anderen Gefahren ausgesetzt als wir etwas älteren Semester. Allein im Straßenverkehr, der damals rasant zunahm, lagen die Risiken junger Leute für mich deswegen klar auf der Hand. Wie schnell waren Fahranfänger aus reiner Unerfahrenheit in schwere Unfälle verwickelt!

Und ausgerechnet in diesen überaus kritischen Jahren standen junge Menschen dann im Abseits, wenn es auf einen Schutz durch die Versicherung ankam.

Ich schildere Ihnen hier kurz einen authentischen Fall aus dieser Zeit. Ich habe die Einwilligung, den Namen von Peter Körber an dieser Stelle nennen zu dürfen. Im Alter von 22 Jahren war der junge Augsburger mit seinem Motorrad nur kurz in den Nachbarort unterwegs gewesen. Schon nach ein paar Minuten Fahrt aber rutschte seine Maschine auf einem glitschigen Stück Straße über das Hinterrad weg. Die Polizei rekonstruierte später den Unfall und fand heraus, dass eine Ölspur auf dem Asphalt die Ursache für das plötzliche Schleudern gewesen war. Peter Körber muss weit durch die Luft geflogen sein. Die Unfallärzte diagnostizierten jedenfalls mehrere Brüche (Kniescheibe, Ober- und Unterschenkel). 70 Prozent Invalidität.

Das Ende vom Lied: Über ein halbes Jahr verbrachte der junge Motorradfahrer im Krankenhaus. Für diese Kosten kam zwar die Krankenkasse auf. Aber darüber hinaus? Da sich der Unfall in seiner Freizeit ereignet hatte, erhielt Peter Körber aus der gesetzlichen Unfallversicherung keinerlei Krankengeld. Und auch die Rentenversicherung weigerte sich zu zahlen, denn die Wartezeit aus mindestens 60 Beitragsmonaten hatte der junge Mann bei Weitem noch nicht erfüllt. Dabei war an ein Berufsleben ohne erhebliche Einschränkungen in Zukunft gar nicht mehr zu denken.

Aus dieser Beobachtung heraus kam ich – in einem ersten gedanklichen Schritt – auf die Idee einer Invaliditätsversicherung für Berufsanfänger.

Bei einem Unfalltod des jungen Versicherungsnehmers bekamen also die verbliebenen Angehörigen Geld. Aber das war aus meiner Perspektive für junge Leute eigentlich völlig unattraktiv; sie hatten als Singles doch meist noch niemanden zu versorgen und dachten nur an sich!

Niemand in der damals noch zweigeteilten Bundesrepublik beschäftigte sich Anfang, Mitte der 70er-Jahre mit der Demografie in unserem Land. Warum auch?

Der Generationenpakt schien glänzend zu funktionieren, seit 1957 schon, als Kanzler Adenauer das Rentensystem für unser Land auf scheinbar moderne Füße gestellt hatte.

Doch erste Anzeichen dafür, dass die Rechnung auf Sicht nicht aufgehen würde, gab es damals schon. Man musste nur etwas genauer hinsehen.

Die Zahl der Geburten ließ nach den Babyboomer-Jahren, die von 1955 bis 1969 dauerten, erst allmählich und später dann immer deutlicher nach. Was im gleichen Zug bedeutete, dass künftig statistisch immer weniger aktive Arbeitnehmer für einen Rentner würden aufkommen müssen.

Aber genau darauf fußt ja unser Rentensystem in Deutschland bis heute: Die arbeitende Bevölkerung finanziert durch ihre Beiträge die Rente der Pensionäre. Anfänglich funktionierte das noch gut, heute befinden wir uns längst in einem Teufelskreis. Die fünf Arbeitnehmer, die zu Adenauers Zeiten für einen Rentner gesorgt hatten, reduzierten sich nämlich über die Jahre und Jahrzehnte immer mehr. Im Jahr 2010 waren es bekanntlich nur noch drei, Tendenz weiter fallend.

Von den ersten Anzeichen, die es Mitte der 70er-Jahre in Deutschland dafür durchaus bereits gab, wollte damals aber niemand etwas wissen. Kein Politiker. Kein Wissenschaftler. Und kein Journalist.

Ich selbst aber wollte nicht wegsehen.

In meiner Rolle bei der Versicherung hatte ich die junge Zielgruppe nun einmal für mich entdeckt und auserkoren. Ich wollte die Hunderttausenden von Berufsanfängern, Twens und nachwachsenden Erwachsenen nicht alleinlassen in dem Glauben, man könnte bis ins Rentenalter einfach so sorglos vor sich hinarbeiten und -leben. Und deshalb feilte ich an einer Lösung.

Und ich fand eine Lösung. Eine maßgeschneiderte Lösung für eine ganze Generation.

Der Zinseszinseffekt ist das achte Weltwunder.
Albert Einstein (angeblich)

Eine Invaliditätsversicherung an ein Sterbegeld zu koppeln, hielt ich wie gesagt für wenig schlüssig. Der Sinn dahinter war jungen Menschen kaum zu vermitteln, ein solches Produkt würde nur mit viel Mühe zu verkaufen sein. Zumal alles eingezahlte Geld an Versicherungsbeiträgen auf Nimmerwiedersehen weg war für den Fall, dass dem Versicherungsnehmer glücklicherweise nichts zustieß.

Nachdem ich mich mit Versicherungsunternehmen und ihren Angeboten auf der einen und den gesamtgesellschaftlichen Entwicklungen auf der anderen Seite intensiv beschäftigt hatte, hatte ich etwas anderes, etwas viel Besseres, ich sage selbstbewusst sogar, etwas Revolutionäres vor Augen: Ich wollte in der Bundesrepublik eine Invaliditätsversicherung für junge Menschen an den Markt bringen, die gleichzeitig den ersten Schritt in ihre Altersvorsorge bedeutete. Also eine Absicherung bei Freizeitunfällen kombiniert mit einer Kapitalsparsumme.

Man musste es sich nur einmal konsequent vor Augen führen: Beinahe zehn Millionen Jugendliche in Deutschland bildeten per se meine Zielgruppe. Und Jahr für Jahr erneuerte sich der Markt Anfang der 70er-Jahre um 650.000 frische Schulabgänger, die sich beim Übergang ins Berufsleben mit den signifikanten Problemen auseinandersetzen mussten, die ich definiert hatte. Auch, was die Rente anging.

Die soziale Absicherung durch den Staat und die Solidargemeinschaft, dessen war ich mir sicher, würde sehr bald an harte Grenzen stoßen. Der eigenverantwortlichen, privaten Zukunftsvorsorge gehörte mehr und mehr die Zukunft. Doch die Vorsorge musste eben auch in die Portemonnaies der Kunden passen. Es brauchte einen Maßanzug, der jungen Leuten perfekt saß, der auf ihre Anforderungen und Verhaltensweisen einging. Und den sie vor allem verstanden. Und den sie anziehen mochten, weil er so attraktiv war.

Und er musste Qualität haben, Hand und Fuß, einen echten Nutzen.

Ein Schlüssel meiner Überlegungen war von Beginn an der Hebel Zeit: Nur wer früh mit dem Sparen anfing, konnte sich über die Jahre nicht bloß den Zinses-, sondern vor allem auch den Zinseszinseffekt zunutze machen.

Mit erstaunlichem Erfolg bei damals noch sehr stattlichen sechs, sieben Prozent Rendite pro Jahr. Der *compound interest*, also der Zinseszins, das sind bekanntlich die Zinsen, die ein Anleger auf seine Zinsen erhält. Aber nur, wer diese Zinserträge sofort wieder reinvestiert, profitiert vom Zinseszinseffekt. Das angelegte Geld wächst dann umso schneller, da die Zinsen erneut verzinst werden.

Für mich war genau das immer schon der leichteste Weg, Vermögensaufbau zu betreiben. Und doch wird er bis heute gern unterschätzt, vor allem von jungen Leuten. Die beschäftigen sich naturgemäß wenig mit dem Alter. Das ist ja alles noch herrlich weit weg und wenig greifbar. Was vor allem sie aber wissen müssen: Früh mit dem Sparen zu beginnen lohnt sich. Der Hebel Zeit ist entscheidend! Ich erkannte zweitens: Wer schon früh in seine ganz persönliche Altersvorsorge einstieg, musste dafür gar nicht einmal so viel investieren und sollte für das Pensionsalter wenigstens einen ordentlichen Grundstock an Altersvorsorge angespart haben.

Die eingenommenen Zinsen auf das angelegte Geld sollten dafür nicht ausgegeben, sondern unbedingt in der Anlage verbleiben. In der folgenden Zinsperiode würden sie dann mit dem ursprünglichen Betrag gemeinsam verzinst. Der zu verzinsende Betrag wuchs also und erwirtschaftete im Laufe der Zeit immer mehr Erträge.

Das Vermögen wächst also allein durch den Hebel Zeit – die Jahrhundert-Idee!

Von diesen beiden Erkenntnissen, von meiner Vision, mit einem gekoppelten Angebot aus Invaliditätsversicherung auf der einen und einem Auftakt in die Altersvorsorge auf der anderen Seite an den Markt zu gehen und damit jungen Leuten wirklich zu helfen, war ich beseelt.

Nun musste ich beides aber noch in eine gute Form gießen. Ein griffiges Produkt daraus machen. Und hier war ich nun als Marketingspezialist gefragt, jetzt brauchte ich mein Wissen, das ich in meiner Zeit an der Werbefachschule in Hannover und in meinen Jahren im Außendienst angehäuft hatte.

Ich saß in meinem grauen Büro und träumte von etwas ganz Besonderem. Etwas, was mich bereits in meiner Tätigkeit in der Markenartikelbranche immer wieder fasziniert hatte. Produkte nämlich mit tollem Design, mit einprägsamen Namen und kreativen Slogans.

Das Mundwasser Odol, der Rasierer von Braun, das Auto von Mercedes. Unverwechselbar, edel, von bester Qualität. Und damit über alle Zweifel erhaben. Es gab nichts Besseres und nicht ein einziges schlüssiges Argument, solch ein Markenprodukt nicht zu kaufen.

Ich hatte meinen Traum sehr klar und konkret vor Augen. Etwas, das es bis dahin in der Assekuranz nie zuvor gegeben hatte, wollte ich in der gesamten Bundesrepublik – zwischen Flensburg und Freiburg und zwischen Duisburg und Braunschweig – an den Markt bringen:

Eine Versicherung als Markenartikel.

II. Wichtige Argumente

DER HEBEL ZEIT

„Morgen“, „man müsste eigentlich mal“ oder „irgendwann fange ich an“ – mit Vokabeln wie diesen vertagen junge Menschen gern den Start ihrer persönlichen Altersvorsorge. Um Tage, Monate und leider oft um Jahre.

Vor allem jüngere Menschen schieben das Thema Altersvorsorge immer wieder vor sich her. Da steht die Finanzierung des nächsten Urlaubs im Vordergrund, hier die wichtige Anschaffung für ein Möbelstück in der Wohnung. Die Rente ist schließlich noch weit weg und gilt unter Youngstern als *unsexy*.

Auf den ersten Blick verständlich, auf den zweiten Blick leider fatal!

Denn: Je eher man mit dem Sparen beginnt, desto mehr kann man sich bei seiner persönlichen Vorsorge den Hebel Zeit zunutze machen.

Hier ein praktisches Rechenbeispiel:
Wer bereits im Alter von 25 Jahren monatlich 200 Euro einzahlt, dessen Zahlungen summieren sich bis zum Renteneinnnn

tritt (65 Jahre) auf 96.000 Euro. Daraus entspringen bei einer fiktiven Verzinsung von vier Prozent satte 233.002,56 Euro Vermögen.

Nun die Gegenprobe: Wer erst im Alter von 35 Jahren beginnt und auch 200 Euro im Monat beiseitelegt (Verzinsung ebenfalls vier Prozent), der summiert bis zum Alter von 65 Jahren nur 72.000 Euro. Das macht inklusive Zinsen ein Vermögen von bloß 137.520,27 Euro.

Zehn Jahre Verzögerung bedeuten bei gleichen Rahmenbedingungen also 95.482,29 Euro weniger Rentenvermögen! **Legen Sie Ihren Kindern, Enkelkindern, jungen Freunden noch heute diese Rechnung vor. Achten Sie darauf, dass sie alle den Hebel Zeit unbedingt für sich nutzen!**

Zeit hat man nur einmal im Leben!

Kapitel
7

Die Jahrhundert-Idee: der Hebel Zeit!

Warum müsste ein Arbeitnehmer
92 Jahre für die durchschnittliche
Pension eines Beamten arbeiten?

„Spare in der Zeit, dann hast du in der Not."

Altes Sprichwort

Die Jahrhundert-Idee: der Hebel Zeit!

Gemeinsam mit einem Geschäftspartner entwarf ich das Konzept für eine eigene Unternehmung. Und im Jahr 1975 hatten wir unseren endgültigen Namen gefunden: ZEUS-Vermittlungsgesellschaft, mit Hauptsitz in Hamburg-Winterhude.

ZEUS, dieser Begriff stand für:

Zukunft
Erfolg
und
Sicherheit.

Drei Geschäftsführer und zwei Sekretärinnen. Pioniergeist pfiff durch die großzügigen Büroräume nahe der Alster.

Vorausgegangen waren zwei überaus harte Jahre der Vorbereitung.

Am Reißbrett entwarfen wir die Kombination aus einer Invaliditäts- und einer Kapitalversicherung. Die Invaliditätsversicherung sorgte für sofortigen Schutz bei einem Unfall in der Freizeit und garantierte dem Unfallopfer eine ordentliche Entschädigung. Durch den zweiten Teil, die Kapitalversicherung, erwirtschaftete sich der junge Versicherungsnehmer den Grundstock seiner Altersvorsorge.

Die Rechnung war hoch attraktiv für junge Kunden.

Die Versicherungssumme war bei uns vom Start weg höher als üblich. Und durch mein Verhandlungsgeschick und unsere wachsende Macht am Markt (hier machte ich es wie die ALDI-Brüder Karl und Theo) konnte ich sie im Laufe der kommenden Jahre sogar weiter steigern!

Automatisch ging es im Schadensfall also schon einmal um andere, viel höhere Beträge für den Versicherten.

Die eingezahlten Beträge hierfür würden zwar im Fall eines ausbleibenden Schadens ebenfalls unwiederbringlich entfallen. Jedoch würde dieser Teil durch eine zweite Versicherung, eine Kapitalversicherung, überkompensisert werden, die damit einhergehen sollte.

Das eingezahlte Geld war also nicht, wie bei den klassischen Modellen, komplett weg, sondern diente dem Aufbau eines Grundstocks von Vermögen. In meiner Vorstellung als erster Schritt in die Absicherung der eigenen Rente. Denn ich hatte ja schon Anfang der 70er-Jahre vor Augen, dass die staatlichen Zuwendungen später allein keineswegs ausreichen würden und jeder Bürger sich ganz persönlich um eine zweite finanzielle Säule für die Zeit nach seinem Berufsleben würde kümmern müssen.

Ohne die private Altersvorsorge triebe es in Zukunft Millionen Menschen in die Armut.

Und mit unserem Produkt wollten und konnten wir vor allem junge Menschen vor dieser bitteren Aussicht bewahren. Das war kein Geschwafel, nicht irgendeine Theorie, sondern ein ganz konkretes Konzept, das funktionierte.

Meine Idee war einfach die perfekte Lösung! Gemessen an der Zeit, in der sie geboren wurde, eine echte Jahrhundert-Idee! Die Rettung für Tausende, Hunderttausende, ja Millionen junger Menschen in unserem Land, die heute – inzwischen alle älter geworden – vor einer ganz ungewissen Zukunft stehen. Heute wissen wir das, heute ist das Allgemeinwissen. Ich aber sah die Entwicklung bereits vor fünfzig Jahren aufziehen und präsentierte eine maßgeschneiderte Lösung für all diese Probleme.

Ich musste diesen Gedanken nun nur noch attraktiv verpacken, dem Kind einen Namen geben und es dann verständlich an den Mann bringen, sodass sich junge Menschen auch tatsächlich davon angesprochen fühlten. Sie erinnern sich, was mich so faszinierte – Odol, Braun. Mercedes. Marken, die unschlagbare Kraft der Marken.

Nur mit solch einer Ausstrahlung konnten wir bei jungen Menschen Aufmerksamkeit für unser Produkt erzeugen, die damals wie gesagt noch gar kein Bewusstsein hatten, etwas für später zurücklegen zu müssen. Von der Politik erfuhren sie ja keine Aufklärung, im Gegenteil: Die Politiker spiegelten ihnen immer wieder vor, alles wäre in bester Ordnung.

Es gelang uns nach einigem Probieren tatsächlich, einen einprägsamen Namen für unser neuartiges Doppel-Versicherungsprodukt zu finden.

Ich nannte es: **ZEUS- Jugendschutzbrief**

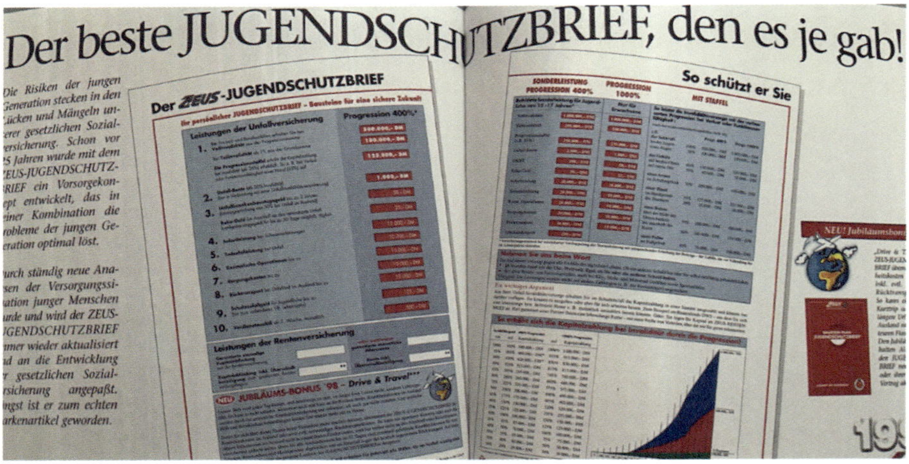

© Jürgen Hunke

Die Police war bei uns kein komplizierter Bogen mit Kleingedrucktem, wie es die Versicherungen ihren Kunden sonst zumuteten. Ich wollte etwas Neues, etwas Wiedererkennbares, etwas, das sich auch optisch einprägte. Das einfach gehalten war und für jedermann verständlich. Und das war eben nicht nur der Name „ZEUS-Jugendschutzbrief", sondern vor allem auch das Design. Wir versahen also ein aufklappbares

DIN-A4-Papier aus festem Karton mit einem leuchtenden (zunächst orangefarbenen und später roten) Deckblatt, einem klaren Layout und einem einfach erklärten, gut nachvollziehbaren Leistungskatalog im Inneren des Klappbogens.

Für jeden verständlich, transparent und übersichtlich aufbereitet. Mit Tabellen, Grafiken und kurzen Sätzen, alles auf das Wesentliche reduziert.

Der ZEUS-Jugendschutzbrief und die Jahrhundert-Idee: der Hebel ZEIT. Das war unsere Erfindung.

So etwas hatte es in der Welt der Versicherungen vorher wirklich noch nie gegeben. Die Unternehmen überhäuften ihre Kunden traditionell mit einer Flut von immer neuen Tarifen, Zahlenkolonnen, die niemand richtig verstand und mit denen sich vor allem niemand gern beschäftigte. Schon gar nicht meine Zielgruppe, die jungen Schulabgänger und Berufsanfänger.

Das poppige, moderne Design, der griffige Name, der leicht verständliche Inhalt aber sprachen an und waren allein auf diese Weise eine Revolution.

Der ZEUS-Jugendschutzbrief: Die Jahrhundert-Idee: Der Hebel ZEIT. Eine Versicherung als Markenprodukt.

Fast zwangsläufig stieß so etwas in der etwas verstockten, traditionellen Branche von Beginn an auf erheblichen Widerstand. Für Neuerungen schien in der Assekuranz nur in ganz eng gestecktem Rahmen Platz.

Und ein Vorsorgekonzept für junge Leute, ein Jugendschutzbrief mit dem Hebel Zeit, die Kombination aus Invaliditätsschutz und Kapitalaufbau, das war definitiv zu sehr *out of the box*. Nicht wenige in der Branche nahmen uns am Anfang nicht ernst.

Aber so ist es eben als Pionier. Man muss Gegenwind ertragen können, manchmal Hohn, und sich ihm immer wieder mit Kraft entgegenstemmen, um am Ende zu seinem Ziel zu gelangen. Und ich ließ mich ganz bestimmt nicht unterkriegen.

Mit allem Ehrgeiz, mit voller Überzeugung zu meinem Produkt ging ich in monatelange, intensive Verhandlungen mit möglichen Partnern aus der Versicherungsindustrie. Parallel nahm ich alle möglichen bürokratischen Hürden, etwa die des Bundesaufsichtsamts für das Versicherungswesen. Und am Ende, nach einem harten Ringen, hatte sich mein langer Atem dann tatsächlich gelohnt.

Den Deutschen Ring, einen wirklich großen Spieler in der Branche, konnten wir von unserem ZEUS-Jugendschutzbrief, der Jahrhundert-Idee mit dem **Hebel ZEIT**, überzeugen.

> Man muss das Unmögliche versuchen, um das Mögliche zu erreichen.
> Hermann Hesse

Der Deutsche Ring glaubte wie ich an eine zündende Idee und die Spezialisierung auf die jungen Menschen und erwies mir den größten vorstellbaren Vertrauensbeweis: Das große, renommierte Unternehmen aus Hamburg investierte die zu diesem Zeitpunkt sagenhafte Summe von einer Million Mark in ein Produkt, das noch gar nicht auf dem Markt war, und stieg in das Geschäft ein.

Im selben Atemzug sicherte ich mir den lukrativen Exklusiv-Vertrieb für den ZEUS-Jugendschutzbrief.

Kapitel
8

Die Produktwelt von ZEUS

Wie kann es sein, dass einem Menschen in Deutschland nach 30 Jahren Arbeit nur 4,30 Euro am Tag zum Leben bleiben?

„Das Geheimnis des Erfolgs ist anzufangen.“

Mark Twain

Die Produktwelt von ZEUS

> Mit Preisen kann man Kunden locken, mit Marketing für sich gewinnen. Aber nur mit Innovationen lassen sie sich halten.
> Prof. Dr. Hans-Jürgen Quadbeck-Seeger

In großen Schritten war ich mit dem ZEUS-Jugendschutzbrief meiner ganz großen Vision ganz nahegekommen. Das Konzept, das die Gebrüder Albrecht im Discount-Bereich durchgesetzt hatten, hatte ich ja für die Versicherungsbranche vor Augen. Meine Idealvorstellung in diesem Geschäft war das System von ALDI. Auch ich hatte mir vom Markt die besten Produkte mit der höchsten Umschlaggeschwindigkeit – das waren die Invalidität- und die Kapitalversicherung als Paket – genommen und so beim Lieferanten, also der Assekuranz, einen guten Preis für meine Kunden dafür erzielt. Denn das gekoppelte Produkt, das wir anboten, hatte der Versicherungspartner zuvor nicht in seinem Leistungsangebot. Wir bei ZEUS hatten ein eigenes, exklusives Produkt entwickelt und kalkuliert. Das hatte es in Deutschland bisher noch nicht gegeben. Und es gab unbestritten auch kein einziges Argument gegen dieses Produkt oder dagegen, es bei uns abzuschließen.

Um immer *up to date* zu bleiben, verfeinerten wir den ZEUS-Jugendschutzbrief mit dem **Hebel Zeit** über die Jahre immer noch weiter.

Wir bei ZEUS wollten kreativ sein und entwickelten hierauf eine individuelle Lösung. Wer als ganz junger Mensch unseren ZEUS-Jugendschutzbrief mit dem **Hebel Zeit** abschloss, konnte am Anfang vielleicht tatsächlich lediglich einen geringen Betrag investieren und sich somit auf eine spätere Auszahlung von 30.000 Mark und mehr verlassen. Aber wer älter wurde und dann gegebenenfalls über mehr Einkommen verfügte, der wollte vielleicht auch mehr investieren, um am Ende eine weit größere Summe ausgezahlt zu bekommen. Und so entwickelten wir die Möglichkeit, den monatlichen Einsatz ganz den individuellen Wünschen entsprechend zu erhöhen und nach Ablauf mindestens 200.000 Mark und mehr zu erhalten. Diese Überlegungen hatten in der Folge zum ZEUS-Bausteinplan geführt, mit dem man mit System jegliche gewünschte Höhe der Altersvorsorge erreichen konnte.

Jeder redete zwar inzwischen ein bisschen über Altersvorsorge in dieser Zeit, aber nie so ganz konkret. Das Problem schien nicht richtig greifbar, denn wer damals in Rente ging, dem ging es ja augenscheinlich immer noch gut. Das Problem stellte sich erst für die jungen Jahrgänge, die erst Jahrzehnte, also eine gefühlte Ewigkeit später in Rente gehen würden. Und denen fiel es schwer, allzu weit in die Zukunft zu schauen. Selbst wenn es die eigene war.

Aber je älter sie wurden, desto besser konnten wir die Menschen sensibilisieren. Maßgeschneidert nach den eigenen Verhältnissen konnte man sich den ZEUS-Bausteinplan zunutze machen. Bis heute betrachte ich unser Modell als absolut vorbildlich und als die Lösung auf dem Weg in die eigentlich schönste Zeit des Lebens: Wenn die berufliche Karriere absolviert ist und Zeit (und hoffentlich) Geld da sind, das Rentenalter zu genießen.

Kapitel
9

Erst Kritik – dann ein Siegeszug durch unser gesamtes Land

Warum haben Staat, Wissenschaftler und Medien die Menschen bei der Rente alleingelassen?

„Wege entstehen dadurch,
dass man sie geht."

Franz Kafka

Erst Kritik – dann ein Siegeszug durch unser gesamtes Land

Der Faktor Zeit – Die Jahrhundert-Idee: „Der ZEUS-JUGEND-SCHUTZBRIEF war der erste Markenartikel in der Versicherungswirtschaft."
Dr. Rolf Stoecker

Bei der Arbeit zu diesem Buch stieß ich auf ein Schreiben von Dr. Rolf Stoecker. Sie kennen ihn nicht? Der Diplomatensohn und Volkswirtschaftler war jahrelang Vorstandsvorsitzender beim Versicherungsunternehmen Deutscher Ring in Hamburg. In dieser Eigenschaft gratulierte mir Dr. Stoecker im Jahr 1998 zum 25-jährigen Bestehen meiner ZEUS-Vermittlungsgesellschaft. Ich habe den Brief extra noch einmal aus dem Archiv herausgeholt. Hier ist er im Original-Wortlaut:

„Vor 25 Jahren entwickelte Jürgen Hunke ein Konzept: Spezialisierung in der Zielgruppe, Spezialisierung im Angebot – ein Finanzdienstleistungskonzept, das von Beginn an genau auf die Bedürfnisse junger Menschen zugeschnitten war.

Gemeinsam mit dem Deutschen Ring entstand das erste bedarfs- und zielgruppenorientierte Vorsorgeangebot, der ZEUS-JUGENDSCHUTZBRIEF. Er war mit seiner Aufmachung, Klarheit in der Aussage und der sinnvollen Kombination verschiedener Versicherungsleistungen eine absolute Neuheit.

Der ZEUS-JUGENDSCHUTZBRIEF war der erste Markenartikel in der Versicherungswirtschaft.

Heute hat sich ZEUS auf dem Markt längst durchgesetzt. Aus einer zündenden Idee ist eine erstklassige Produktlinie entstanden, die – in ihren Bestandteilen immer wieder optimiert – zu den Pionierleistungen unserer Branche zählt.

*Obwohl es in den letzten zehn Jahren viele Versuche gab, diese Idee zu kopieren, ist der ZEUS-JUGENDSCHUTZBRIEF: DER **HEBEL ZEIT** in seinem Aufbau und mit seinen Leistungen nach wie vor einzigartig.“*

Das also war das Produkt, vor dem Verbraucherschützer und Aufsichtsbehörden Mitte der 70er-Jahre noch eindringlich gewarnt hatten.

Der ZEUS-Jugendschutzbrief mit dem **Hebel Zeit** hatte sich von einem Produkt, das viele am liebsten verhindert hätten, aus dem Stand weg zu einem absoluten notwendigen Produkt entwickelt. Oft kopiert, aber niemals erreicht.

Wie das gelingen konnte? Offenbar gab es ganz einfach einen Markt dafür, so wie ich es vorausgesehen hatte. Der Bedarf war vorhanden. Und dann war eben auch das Produkt selbst einfach unschlagbar. Es war so, wie ich mir einen echten Markenartikel immer vorgestellt hatte. Es gab nicht ein einziges vernünftiges Argument, das gegen den ZEUS-Jugendschutzbrief mit dem **Hebel Zeit** gesprochen hätte. Und dagegen, ihn als junger Mensch abzuschließen.

Selbstverständlich hatte die Kunst aber auch darin bestanden, dieses unbestritten hochwertige Produkt im ganzen Land auf den Markt zu bringen. Seine Vorzüge in unzähligen persönlichen Verkaufsgesprächen den jungen Menschen und ihren Eltern wieder und wieder zu erklären. Dafür brauchte es eine ordentliche Struktur, geeignetes Personal und eine durchdachte Strategie.

Ich war forsch und selbstbewusst in die Gespräche mit den Versicherungen gegangen, mit dem Bewusstsein, einen einzigartigen Schatz bei mir zu wissen.

Wer mit mir ins Geschäft kommen wollte, musste nicht nur eine Anschubfinanzierung auf die Beine stellen, sondern mir auch noch meinen Teil des Geschäfts gewähren. Ich wollte mit einer eigenen Mannschaft und einer eigenen Methodik den ZEUS-Jugendschutzbrief mit dem **Hebel Zeit** im ganzen Land als Dienstleistung anbieten. Als Partner auf Augenhöhe und exklusiver Vertrieb einer großen Versicherung, die den ZEUS-Jugendschutzbrief mit dem **Hebel Zeit** als ihr Produkt auflegte.

Es wurden harte, lange Verhandlungen, denn dass eine Versicherung den Vertrieb eines Produkts vollständig aus der Hand gab, das hatte es bis zu diesem Zeitpunkt so noch nicht gegeben. Ich aber blieb stur, unnachgiebig und am Ende erfolgreich.

Als wir 1975 den Exklusivvertrieb vom Ring zugesprochen bekommen hatten und endgültig mit der ZEUS-Vermittlungsgesellschaft starteten, teilten wir in unserem Büro in Hamburg das damalige Bundesgebiet nach dem klassischen Muster eines Markenartiklers zunächst in 25 Direktionsgebiete auf. Diese untergliederten wir wieder in einzelne Bezirke mit jeweils etwa 50.000 Einwohnern. Jeder Bezirk sollte von einem Bezirksleiter geführt werden. Ein Gebietsleiter betreute seinerseits sechs Bezirksleiter. Gleich zu Beginn gründeten wir auf einen Schlag vier Büros, eins in Hamburg, weitere in Hannover, Aachen und Augsburg.

Diese Strategie sichert jedem Außendienstmitarbeiter einen langfristigen Arbeitsplatz mit Kundenschutz und festen Bezügen.

Schnell waren es 80 eigene Mitarbeiter, die sich für ZEUS ins Zeug legen. Immer noch viel zu wenig für meinen Geschmack.

Ich hatte eine weit größere Zahl an Kollegen vor Augen, die es reizte, bei dieser neuen Sache mitzuwirken und überall in Deutschland bei Eltern und Jugendlichen Beratungsgespräche durchzuführen. Ich wollte das ganze Land mit dem ZEUS-Jugendschutzbrief mit dem **Hebel Zeit** überziehen. Daran arbeitete ich, und ein Jahr später hatte sich unser ursprüngliches Mitarbeiterteam bereits verdreifacht.

Aber ich legte nicht nur Wert auf Masse, sondern besonders auch auf Klasse. Meine Mitarbeiter sollten ordentlich aussehen, sich gepflegt kleiden, ein vernünftiges Auftreten an den Tag legen und vor allem eine tiefgehende Fachkunde, sattelfeste Expertise besitzen.

Bevor wir also jemanden in Beratungsgespräche mit möglichen Kunden entsandten, wurde sie oder er umfassend geschult. ZEUS-Mitarbeiter sollten unseren Klienten alle Einzelheiten unseres Angebots und auch den rechtlichen Rahmen korrekt wie verständlich erklären können. Hier legten wir besonderen Wert auf Präzision. Schwadronieren war nicht gefragt.

Wir konfektionierten unsere Verkaufsgespräche daher minutiös. Schon der Ablauf war standardisiert und folgte einem immer gleichen Aufbau aus sechs Phasen:

1. **Gesprächseröffnung (gern ein bisschen Small Talk)**

2. **Aufzeigen der Problematik (die aktuelle Situation des Jugendlichen ermitteln und das Bewusstsein für die bestehenden Versorgungslücken wecken)**

3. **Angebot ZEUS-Jugendschutzbrief mit dem Hebel Zeit**

4. **Abschluss (persönliche Daten)**

5. **Antragssicherung**

6. Empfehlung für weitere mögliche Ansprechpartner/Kunden

Immer wieder trainierten wir den Ablauf und die Inhalte, stellten uns auf mögliche Rückfragen ein, die man beantworten können musste, und legten Wert auf eine verständliche Sprache, woran es Versicherungen sonst erheblich mangelte.

Wir hatten ein durchschaubares, transparentes Angebot, und so wollten wir es den Kunden gegenüber auch präsentieren. Klar und präzise. Dazu diente auch der Beratungsbogen, den die Mitarbeiter stets mit ins Gespräch nahmen und vor dem Kunden auf dem Tisch ausbreiteten. Darin trugen wir Schritt für Schritt individuelle Informationen ein, etwa zur bestehenden Krankenversicherung oder anderen laufenden Versicherungen, die wir im Gespräch erfragten. Der rote Faden jeder Beratung.

Der ZEUS- Jugendschutz

Ein konventionelles Vertriebssystem:

Unsere Vorteile:

- im Vertrieb gibt es nur hauptberuflich angestellte und fest angestellte Mitarbeiter
- Kein Strukturvertrieb
- Beste Konditionen
- Interessante Altersvorsorge
- Garantierte Kundentreue

Von Beginn an hatten wir die Vorstellung, **nur mit hauptberuflich angestellten und fest angestellten Mitarbeitern** in den Markt zu gehen, nicht mit nebenberuflichen Freizeitverkäufern, die nach Feierabend ihr persönliches Umfeld aus Familie, Freunden, Nachbarn und Arbeitskollegen abgrasten und für ein paar billige Provisionen notfalls übervorteilten. Bei ZEUS wollten wir hochspezialisiertes Personal, das profund Auskunft geben und beraten konnte. Das war das Geheimnis von ZEUS.

Ein Beispiel aus späteren Zeiten: Anfang der 90er-Jahre sah eine Novelle der Ausbildungsordnung in der Versicherungswirtschaft vor, dass Mitarbeiter im Vertrieb künftig eine zweijährige Ausbildung zum Versicherungskaufmann/-frau absolvieren müssen. Die Vorgabe bezog sich auf Berufseinsteiger.

Wer bereits in der Branche tätig war, konnte sich auf zahlreiche Ausnahmeregelungen berufen. Wir bei ZEUS aber setzten genau hier ein klares Zeichen. Ich wies intern an, dass alle Mitarbeiter meiner Firma die gesetzliche Prüfung zum Versicherungskaufmann absolvieren sollten. ZEUS ging also nicht bloß so weit, wie es die Ordnung vorschrieb. Wir taten deutlich mehr, um die Qualifikation unseres Personals zu steigern.

Vom sogenannten Strukturvertrieb, diesem fast verbraucherfeindlichen Modell, mit dem heute noch Versicherungen und Kapitalanlagen sowie Kochtöpfe aggressiv auf den Markt gebracht werden, grenzten wir uns also vehement ab. Diese Art von Vertrieb ist streng hierarchisch organisiert. Wer ins Strukturvertriebsunternehmen eintritt, beginnt auf der untersten Stufe und ist gezwungen, seine Provisionen mit allen Vertrieblern zu teilen, die in der Pyramide über ihm stehen. Ein weiterer Teil fließt an die Dachorganisation des Vertriebs. Finanzstrukturvertriebe locken Bewerber gern mit wolkigen Versprechen und attraktiven Verdienstmöglichkeiten. Intern wird dann schnell gehöriger Druck ausgeübt.

Verkaufsseminare sind daher in solchen Organisationen auch wichtiger als Produktschulungen. Die meisten Berater sind also zuvorderst geschulte Verkäufer, aber noch lange keine Finanzexperten. Und dann geht es nur darum, sein Netzwerk zu nutzen und Umsatz zu scheffeln. Notfalls ohne Rücksicht auf Verluste beim Kunden. Hat ein Kunde schon Versicherungsverträge, wird er oft mit fadenscheinigen Argumenten veranlasst, diese zu kündigen und neu abzuschließen. Dass das beim Kunden nur zu Schaden führt, stört den Berater nicht. Hauptsache, er verkauft etwas. Hauptsache, die eigene Kasse klingelt …

Wir gingen das anders an, und der Erfolg gab uns recht: Mein Ziel war immer, dass unsere Kunden aus dem Gespräch heraus wirklich verstanden haben, um was es uns ging. Meine Überzeugung war: Wer beim Abschluss inhaltlich überzeugt ist, der wird hinterher auch seltener aufgeben.

Auch kamen wir ungewöhnlich schnell zum Zug, weil Produkt und Vertrieb die Kunden überzeugten: Gute Berater führten bei uns sogar jedes zweite bis dritte Gespräch zu einem erfolgreichen Abschluss.

ZEUS wuchs in diesen Jahren rasant. Im Jahr 1978, genau 1000 Tage nach der Gründung, führten bereits mehr als 670 Mitarbeiter über 1500 Gespräche mit Jugendlichen, deren Eltern und Geschwistern – und zwar an jedem einzelnen Tag!

Jährlich erneuerte sich unser Markt um 650.000 Schulabgänger, die in die Ausbildung strebten. Sie waren es, die wieder und wieder in die Versorgungslücken hineinstolperten und für die wir mit dem ZEUS-Jugendschutzbrief mit dem **Hebel Zeit** eine ideale Lösung maßgeschneidert hatten.

Punkt 6 unserer Verkaufsgespräche war daher so eminent wichtig:

Jugendliche, die wir berieten, fragten wir zum Abschluss immer wieder nach weiteren Kontakten.

Im Jahr 1980 verfügte ZEUS neben 40 Mitarbeitern allein in der Hamburger Zentrale über 700 Außendienstkollegen in ganz Deutschland, die in den 25 Verkaufsdirektionen eingesetzt waren. Damit war ein perfekter Service flächendeckend gewährleistet. Zumal in unseren Partner-Versicherungen, neben dem Deutschen Ring jetzt auch die Continentale, Verwaltungsteams aus etwa 120 Mitarbeitern allein für die Kunden von ZEUS arbeiteten.

Einer unserer Bezirksleiter wohnte aufgrund unserer Gebietsstruktur in festen Gebieten sicher immer in der Nähe seiner Kunden und kannte die Probleme der jeweiligen Region. Unsere Mitarbeiter waren bekannt in den Gebieten, in denen sie arbeiteten. Wir pflegten einen sehr persönlichen Umgang mit den Menschen. Jeder ZEUS-Mitarbeiter kannte seine Kunden beim Namen und konnte sie ganz individuell betreuen, vor allem im Schadensfall.

Junge Menschen brauchten besonders im Schadensfall die besten und qualifiziertesten Dienstleister. Es ging um ihre Existenz. Wir waren die Besten.

Notfalls legte ich mich auch persönlich ins Zeug. Es gab Fälle, in denen der Versicherer sich nach einem Schadensereignis nicht für eine Zahlung an den jungen Versicherungsnehmer verantwortlich fühlte. Da griff ich, wenn es angezeigt schien, selbst zum Hörer und nutzte unsere gute Stellung aus, um im Versicherungsunternehmen mit Vehemenz für eine Zahlung zu werben. Meistens folgte man zum Wohle unserer Kundschaft meinen Argumenten.

Noch weiter intensivierten wir die Schulung unserer Kollegen. Moderne Kommunikationsmedien hielten Einzug bei ZEUS. Ich produzierte ein 45-Minuten-Video mit einem idealtypischen Verkaufsgespräch. Noch vor dem Aufkommen der VHS-Technologie nutzten wir U-matic-Rekorder von Sony, die wir in allen Verkaufsdirektionen einsetzten. Aus der Hamburger Zentrale verschicken wir immer wieder aktuelle Videobotschaften.

Und auch auf Datenverarbeitung hatten wir früh einen Blick. Im Jahr 1980 installierten wir eine neue Generation der EDV. Anliegen unserer Kunden aus allen Orten Deutschlands konnten wir nun speichern und schnell am Bildschirm bearbeiten. Kurz darauf wurde unsere EDV mit dem Großrechner der Versicherung in Hamburg vernetzt. Service wurde bei ZEUS immer großgeschrieben.

Im Jahr 1982 gelang es uns allein in unserer Hamburger Direktion, 5500 neue Kunden davon zu überzeugen, dass der ZEUS-Jugendschutzbrief mit dem **Hebel Zeit** die ideale Lösung für die Vorsorge im Leben eines jungen Menschen war. Aber auch andere Direktionen im Bundesgebiet erreichten Rekordergebnisse. 1983 beschäftigten wir 780 hauptberufliche Mitarbeiter. Seit 1975 hatten wir mehr als 600.000 Verträge abgeschlossen! Allein im Jahr 1983 waren es 140.000 neue Kontrakte mit einer Abschlusssumme von mehreren Milliarden D-Mark. Noch einmal eine Steigerung um 32 Prozent im Vergleich zum ohnehin schon erfolgreichen Geschäftsjahr 1982.

Parallel investierten wir weiter intensiv in unser Personal. 1983 etablierte ZEUS ein Mitarbeiter-Beteiligungsmodell, das Zahlungen als eine Beteiligung am Kundenstamm vorsah. Darüber hinaus hatten erfolgreiche und langjährige Mitarbeiter die Chance, durch den Pensionsfonds eine verbesserte Altersvorsorge zu erreichen. Alle Beiträge leisteten wir auf freiwilliger Basis. Alleiniger Sinn und Zweck der Beteiligung und des Pensionsfonds war es, die Zukunft als ZEUS-Mitarbeiter sicherer zu machen und deren Altersvorsorge zu erhöhen. Eine schöne Konsequenz, auf die ich stolz bin: Die Zufriedenheit und die Verweildauer unserer Mitarbeiter im Unternehmen waren ungewöhnlich hoch. Auch das ganz im Gegensatz zur Ex-und-hopp-Mentalität der angesprochenen Strukturvertriebe, die ihre nebenberuflich tätigen Mitarbeiter schnell ihr Netzwerk abgrasen ließen und dann austauschten.

1999, zu unserem 25-jährigen Firmenbestehen, konnten wir fast zwangsläufig mit einem gewissen Stolz auf ein Vierteljahrhundert ZEUS zurückblicken: Mehr als 750.000 Verträge und allein Invaliditätsleistungen in Höhe von über 600 Millionen Mark waren der beste Nachweis für Vertrauen und Qualität.

Noch ein Brief aus diesem Jahr ist mir kürzlich in die Hände gekommen. Denn auch Dr. Horst Hoffmann, Vorstandsvorsitzender unseres zweiten großen Partners, der Continentale Versicherung, hatte mir und weiteren Kollegen zum Jubiläum schriftlich und mit sehr überzeugenden Worten gratuliert:

„25 Jahre ZEUS-JUGENDSCHUTZBRIEF, dies ist nicht nur das einfache Jubiläum für ein Produkt, sondern viel mehr. „25 Jahre ZEUS-JUGENDSCHUTZBRIEF“, das ist auch ein Symbol für die einzigartige Erfolgsgeschichte von ZEUS und das ist ebenfalls ein Symbol für die hervorragende Zusammenarbeit von ZEUS und Continentale. Der JUGENDSCHUTZBRIEF ist als maßgeschneiderte Kombination aus privater Sicherung der Lebensqualität und Absicherung der Arbeitskraft einer der Garanten für den Erfolg von ZEUS und die Stellung als Nr. 1 in der Zielgruppe „junge Leute“.

Langlebigkeit und Erfolg zeigen auch, dass der JUGENDSCHUTZBRIEF von Anfang an ein ganz hervorragendes Angebot war. Denn in Zeiten, in denen auf einem hartumkämpften Markt Kunden mit immer neuen Tarifen und Tarifkombinationen gelockt werden, ist ein 25-jähriges Jubiläum etwas ganz Besonderes. Es ist schön, dass sich in diesem Fall gutes Produktdesign, Kontinuität und eine fachkundige Beratung auszahlen.“

Besser hätte ich es, zwei Jahre vor der Jahrtausendwende, selbst nicht sagen können.

Kapitel
10

Kein Happy End für die Jahrhundert-Idee: Hebel Zeit

Warum zieht niemand die Verantwortlichen für dieses Desaster endlich zur Rechenschaft?

„Erfolg ist die Fähigkeit, von einem Misserfolg zum anderen zu gehen, ohne seine Begeisterung zu verlieren."

Winston Churchill

Kein Happy End für die Jahrhundert-Idee: Hebel Zeit

Es sind drei bedeutsame Phasen, die jeder Mensch in seinem Leben durchläuft und die er stets im Blick behalten sollte. Aus diesen drei Teilen nämlich bauen wir unser Leben zu einer funktionierenden, glücklichen Einheit zusammen.

> Sei am Tage mit Lust bei den Geschäften, aber mache nur solche, dass du des Nachts ruhig schlafen kannst.
> Thomas Mann in „Die Buddenbrooks"

Die drei Phasen eines jeden Lebens hier kurz im Einzelnen:

- In den ersten 20 bis 25 Jahren leben wir als junge Menschen in der Obhut unserer Eltern. Wir gehen zur Schule, wir absolvieren eine Ausbildung oder ein Studium, wir lernen und legen die Basis für unser weiteres selbstständiges Leben.

  Es sind unbeschwerte Jahre, ohne sonderlich viel Verantwortung. Die Kindheit und die Jugend.

- Phase zwei beginnt im Anschluss und währt bis zu einem Alter von 55 bis 65 Jahren. Sie ist zweifellos die anspruchsvollste Periode. Man ist schwer beschäftigt, unter anderem mit dem Aufbau und dem Verfolgen seiner beruflichen Karriere, die mit Arbeitsplatzwechseln, Wohnortwechseln, mit immer neuen Herausforderungen und Problemen einhergeht. Parallel ist man mit der Gründung einer Familie beschäftigt, muss seine Kinder erziehen. Vielleicht kauft man eine Wohnung oder ein Haus. Oft ist es purer Stress und funktioniert nur mit einem guten Zeit- und Ressourcen-Management. Der wichtigste Aspekt, das Ziel dieser Jahre: Der Aufbau der dritten, der eigentlich schönsten Phase des Lebens muss gelingen. Idealerweise legt man ein kleines oder größeres Vermögen an, von dem sich in den folgenden Jahren dann gut zehren lässt.

- In Phase drei, die etwa im Alter von 60 oder 65 Jahren beginnt, sollten die besten Jahre eines Lebens liegen. In den zwanzig, dreißig Jahren, die nun anbrechen, kann man die Tage genießen, seine Zeit frei einteilen, Reisen unternehmen, Freunde treffen, seinen Hobbys nachgehen.

Doch Achtung: Im Normalfall erhält man in dieser Phase auch die Quittung oder – idealerweise – die Belohnung für sein bisheriges Leben.

Wer zum Beispiel in den Jahrzehnten zuvor Raubbau am eigenen Körper betrieben hat, muss sich nun auf gesundheitliche Konsequenzen einstellen. Viel Alkohol und Nikotin, wenig Schlaf und nur selten Sport türmen sich im Alter zu einer Zeche auf, für die man gnadenlos zur Kasse gebeten wird. Wer dagegen tugendhaft geblieben ist und vital, wird in aller Regel dafür belohnt – mit den schönsten Jahren seines Lebens.

Ob es tatsächlich so kommt, hängt selbstverständlich an einem zweiten elementaren Umstand: den eigenen finanziellen Verhältnissen.

Meine Überzeugung ist: Auch hier zahlt es sich aus, wenn man früh langfristig gedacht und gehandelt hat. Nur wer zum Beispiel schon in jungen Jahren und ganz konsequent mit dem Sparen beginnt, wird im Alter über genügend Rücklagen verfügen können. Übertragen auf mein Phasenmodell heißt das, dass man sich spätestens mit Beginn der zweiten Phase seines Lebens schon auf die Rente vorbereiten muss, und sei es mit minimalen Beträgen.

Ich bin mir sicher, dass Christel Wilhelm, meine Flaschensammlerin aus Kapitel zwei dieses Buches, zu früheren Zeiten durchaus zumindest kleine Beträge pro Monat von ihrem Gehalt hätte entbehren und auf die Seite legen können. Über rund 35 Jahre Laufzeit hätte also auch sie bei richtiger Anlage ein kleines Vermögen anhäufen können. Das hätte sie vor dem Flaschensammeln, von dem sie heute ihre karge staatliche Rente aufmöbelt, bewahren können. Ich hätte ihr das sehr gewünscht und bitte Sie, das überhaupt nicht als persönlichen Vorwurf an Christel zu verstehen!

DAS GEHEIMNIS – HEBEL ZEIT!

Liebe Leser, der wichtigste Hebel beim Sparen ist und bleibt der Faktor Zeit. Nur wer lange und beständig spart, profitiert von Zins und Zinseszins. Leider verstehen das die meisten Menschen bis heute nicht. Und zwar deshalb, weil es ihnen nie jemand erklärt hat!

Auch in meiner Zeit bei ZEUS musste ich immer wieder von Neuem Anlauf nehmen, um bei den Menschen Überzeugungsarbeit zu leisten. Altersarmut, das war zu dieser Zeit noch ein eher akademisches Thema. In der Praxis kam es in der Bundesrepublik Anfang, Mitte der 1970er-Jahre selten vor. In Wirklichkeit sahen die jungen Menschen ihre Eltern alt werden und mit ausreichenden staatlichen Zuwendungen ins Rentenalter wechseln. Wenn die Rente reichte, warum sollte ein junger Mensch da auf die Idee kommen, zusätzlich privat vorzusorgen? Dass das deutsche Rentensystem aber alsbald ins Wanken geraten und überhaupt nicht mehr finanzierbar sein würde, das sah ich aufgrund meiner Recherchen voraus. Und auch die Experten in Politik, Wissenschaft und Medien müssen davon gewusst haben. Doch die Wahrheit haben sie bewusst kleingehalten, ja unterdrückt.

Und das ist der Grund, warum Menschen wie Christel Wilhelm nicht privat vorgesorgt und nicht wenigstens ein paar Groschen beiseitegelegt haben.

Ich bleibe dabei: Für mich handelt es sich hier um das größte politische Versagen der Nachkriegsgeschichte in der Bundesrepublik Deutschland. Eine ganze Generation Arbeitnehmerinnen und Arbeitnehmer wurde bewusst hinters Licht geführt!

Statt die Bürger aufzuklären und zu warnen, wurde das Problem einfach vertuscht und in die Zukunft verlagert. Niemand wollte Verantwortung übernehmen und sich aktiv um Lösungen kümmern – alles viel zu unpopulär! Man wollte sich nicht die Finger schmutzig machen, sondern wiedergewählt werden. Und suggerierte deshalb fröhlich weiter: Macht euch keine Sorgen. Eure Rente ist sicher! Beinahe täglich muss ich über Fehler und Versäumnisse, die uns frühere Generationen von Sozialpolitikern eingebrockt haben, lesen, diskutieren und mich massiv ärgern. Es macht mich fassungslos.

Rentenkrise und Rückbau der sozialen Leistungen haben ihre Ursache in Entscheidungen der Politik, die Jahrzehnte zuvor getroffen wurden. Ich wünschte, die Politiker hätten sich um die Altersvorsorge der Allgemeinheit mit mindestens der gleichen Intensität gekümmert wie um ihre eigene!

Was ich nie verstanden habe: Warum hat der Staat das Thema private Rentenversicherung nicht einfach zur Pflicht erhoben?

Jeder Autofahrer in Deutschland muss zwangsweise eine Kfz-Versicherung für seinen Pkw abschließen – ob er nun will oder nicht. Wäre es da nicht wenigstens genauso wichtig, eine verpflichtende Altersvorsorge zu zeichnen? Warum ist da nie etwas geschehen?

Verantwortungslos!

Im Zuge der Corona-Krise wurde monatelang über eine Impfpflicht diskutiert. Warum wurde nie darüber gesprochen, eine Pflicht zur privaten Altersvorsorge einzuführen?

Unverständlich!

Mein ZEUS-Jugendschutzbrief mit dem **Hebel Zeit** hätte die Lösung all dieser Probleme bedeuten können: Schon mit einem ganz kleinen monatlichen Investment konnte man über den Hebel Zeit ein bedeutsames Vermögen anhäufen, erst recht angesichts des damaligen attraktiven Zinsniveaus.

Ich sage es mit voller Überzeugung und ohne jede Übertreibung: Der ZEUS-Jugendschutzbrief mit dem Hebel Zeit ist eine Jahrhundert-Idee!

Nutze den Hebel Zeit als Grundstock für deine Altersvorsorge.

Fragen Sie mal die Tausenden armen Rentner in unserem reichen Land, die heute nicht mehr wissen, wie sie ihre Rechnungen begleichen, wie sie ihren Kühlschrank füllen und wie sie ihre kargen Wohnungen heizen können!

Sie alle haben rechtschaffen gearbeitet, und zwar über Jahrzehnte. Abertausende stehen trotz ihres großen Engagements für die Gesellschaft vor den finanziellen Scherben ihres Lebens. Und es werden immer mehr, bei denen es hinten und vorne nicht mehr reicht. Sie alle: betrogen und verraten. Warum hat sie niemand gewarnt? Warum hat der Staat sie alleingelassen?

Ich hatte die Jahrhundert-Idee, und ich habe sie mithilfe unseres qualifizierten Mitarbeiterteams auf den Markt gebracht. In unzähligen, Abertausenden Beratungsgesprächen haben wir Überzeugungsarbeit geleistet. Milliarden Mark und Euro Anwartschaft haben unsere Kunden für ihre privaten Rente angesammelt. Allein das spricht doch eine deutliche Sprache.

ZEUS hatte das Zeug, mit dem Hebel ZEIT dieses Land zu verändern und die Menschen flächendeckend vor Altersarmut zu bewahren.

Wie richtig unser Ansatz war, zeigt auch der Umstand, dass alle anderen Gesellschaften, Banken und Finanzdienstleister plötzlich ebenfalls den Markt der jungen Leute für sich entdeckten und Konkurrenzprodukte auf den Markt warfen. Nahezu alle Mitbewerber entwickelten Spezialtarife für junge Menschen. Aber mit dem Pionier und Marktführer konnten sie alle nicht Schritt halten. Denn das waren wir.

Doch, leider, für eine Versorgung der wirklich gesamten deutschen Bevölkerung, wie ich sie immer vor Augen gehabt hatte, reichte es trotz unserer 800 Außendienstmitarbeiter nicht. Ein Happy End blieb mir und ZEUS verwehrt. Noch heute hänge ich oft diesem Gedanken nach und bin betrübt, dass diese gut begonnene Geschichte doch nicht in vollem Umfang glücklich endete.

Warum hatte es so kommen können? Hierzu habe ich klare Antworten!

Zum einen mache ich den fehlenden politischen Flankenschutz verantwortlich. Hätte die Politik die Menschen frühzeitig für die aufziehenden Probleme sensibilisiert, hätten sicher noch mehr junge Leute unseren Schutzbrief abgeschlossen. Viel mehr Menschen wäre somit heute geholfen gewesen. Über die Verfehlungen der Politik habe ich in diesem Buch bereits ausführlich geschrieben.

Doch es war nicht nur die Politik; aus dem Nichts kam plötzlich auch von anderer Seite brutaler Gegenwind auf, der uns gewaltig zu schaffen machte.

Mir ist bewusst, dass nicht nur die Finanzbranche und der enorme Erfolg, den ich mit ZEUS zu diesem Zeitpunkt verbuchte, dazu beitrugen, dass ausgerechnet ich ins Fadenkreuz geriet. Ich war auch aus einem anderen Grund eine dankbare Zielscheibe, eine Figur, an der sich so eine Geschichte genüsslich erzählen ließ: Mit meinem besonderen Lebensstil, den ich bis heute pflege, mit meinem Erscheinungsbild hatte ich mir nicht nur Freunde gemacht, sondern auch reichlich Kritik auf mich gezogen.

Ein 1,88 Meter großer Mann, laut und meinungsstark, dies alles mag einem in Amerika großen und ehrlichen Respekt einbringen. Die berühmte Tellerwäscher-Karriere erzeugt dort weder Neid noch Irritation.

In den USA wird auch Individualität von allen geachtet. Hierzulande aber macht es einen gleich verdächtig, sobald man sich „herausnimmt“, nicht nach einer gewissen Norm zu leben.

Ich begreife mich als einen durch und durch bodenständigen Menschen, als einen nüchternen Westfalen, der aber um seine Unabhängigkeit weiß, der kreativ ist und beides in vollen Zügen auslebt und genießt. Damit meine ich nicht das Geld, sondern allein die Möglichkeit, Dinge im Leben zu tun oder zu lassen, die mir Spaß machen und die ich für richtig halte und mit denen ich niemandem schade oder wehtue. Aber wer in Deutschland, und erst recht im damals umso konservativeren Hamburg, lebt, einen eher unkonventionellen Stil an den Tag legt, der zieht unweigerlich Zweifel auf sich, vor allem dann, wenn er seinen Lebenswandel in der Öffentlichkeit auch nicht groß erklärt und rechtfertigt. Aber Lebensstil war und ist für mich vor allem eins: Privatsache und Unabhängigkeit.

Nur beruflich hätte ich damals genau entgegengesetzt agieren sollen. Ich hätte unsere Türen aufreißen, Einblick gewähren, offensiv von ZEUS erzählen müssen. Von unseren Zielstellungen, Gedanken und unserer Vorgehensweise.

Selbstkritisch räume ich ein, bei ZEUS vieles zu sehr im Alleingang gemacht haben zu wollen.

Am Anfang war das noch nachvollziehbar, ZEUS war schließlich mein Kind. In den Jahren des Unternehmensaufbaus sah ich mich deshalb als Motor und Verantwortlichen für sämtliche Fragen, die unser Geschäft betrafen. Für nichts war ich mir zu schade und bin Tag und Nacht im Einsatz gewesen. Jedes Detail erklärte ich vor mir selbst zur Chefsache.

Das steckt bodenständigen Unternehmern wie mir vielleicht allzu sehr im Blut: alles selbst machen zu wollen. Ein bekannter erfolgreicher Restaurantbetreiber und Hotelier zeigt Mitarbeitern noch heute gern die korrekte Art und Weise, wie man an seinen Steakhouse-Tischen die rot-weiß karierten Servietten faltet. Sicher mag das zu viel des Guten sein, aber ich weiß, wo solche Detailversessenheit herrührt.

Welcher mittelständische Herzblutunternehmer und Selfmademan würde denn gern Verantwortung gegenüber seinem eigenen Baby an Mitarbeiter abtreten?

ZEUS hatte sich über die Jahre zu einem stattlichen Unternehmen entwickelt. Und um ZEUS herum hatte sich auch das Umfeld signifikant verändert. Vor allem die Medienlandschaft in Deutschland war gewachsen und hatte sich anders strukturiert. Wo in unseren Anfängen Anfang der 70er-Jahre noch eine kleine Zahl öffentlich-rechtlicher Sender den gesamten Kuchen unter sich aufteilte, bestimmten nun zusehends private Stationen die Musik. Auch in der Zeitungs- und Magazinlandschaft waren viele neue Titel auf den Markt gedrängt. Der Konkurrenzdruck war merklich gestiegen, die Erwartungen der Medien und auch der Öffentlichkeit an Unternehmen hatte sich in dieser Zeit enorm entwickelt.

Dort, wo es früher noch ausgereicht hatte, bloß seiner Arbeit geflissentlich nachzugehen, musste man sie heute aktiv erklären und Transparenz schaffen. Ich gebe zu, dass ich diesem Wandel viel zu wenig Bedeutung beigemessen hatte. Ich textete und redigierte noch den letzten Prospekttext von ZEUS höchstpersönlich. Kein Satz nach draußen, der nicht vorher über meinen Tisch gegangen war. Den Zeitpunkt, die Öffentlichkeitsarbeit von ZEUS zu strukturieren und neu aufzusetzen, verpasste ich so beinahe zwangsläufig.

Mein Verhalten war, aus heutiger Sicht betrachtet, eine falsche Einschätzung. Zu glauben, ein gutes Produkt, ehrbare Motive, ein lauteres Vorgehen gegenüber Kunden und dazu wirtschaftlich stabile Zahlen wären über jeden Zweifel erhaben und würden eine aktive Beeinflussung des öffentlichen Bildes über einen selbst und sein Unternehmen entbehrlich machen, war nun absolut nicht mehr zeitgemäß.

Ich hätte professionelle Unterstützung in Sachen PR unbedingt benötigt, mit einer eigenen Abteilung Öffentlichkeitsarbeit bei ZEUS, aktiv unterstützt von einer professionellen externen Medienagentur. Wir hätten anhand einer Kommunikationsstrategie Themen entwickeln müssen, die von uns erzählen, und sie den Medien für ihre Berichterstattung anbieten sollen. Ich hätte mich gegenüber Redaktionen für Interviews ins Gespräch bringen müssen und darin ZEUS erklären sollen, anstatt nur Anrufe von Verlagshäusern entgegenzunehmen. ZEUS hätte gläsern sein und viel offener nach außen gehen müssen, so wie es heute vielen Unternehmern und Vorständen selbstverständlich ist – erst recht in Zeiten von Internet und Social Media. Einen Teil meiner Arbeitskraft und unserer Umsätze hätte ich damals in Medienarbeit investieren müssen. Die moderne Welt funktionierte plötzlich nicht mehr so, dass jeder Unternehmer in seinem stillen Kämmerlein fleißig vor sich hinarbeiten konnte, ohne sich dabei ständig zu erklären. Wer passiv blieb, der konnte jedenfalls nicht mit Sympathie rechnen. Darum dieses Buch!

Wir erhielten Gegenwind einiger Medien und auch von vielen Konkurrenten. Im Zuge dessen erreichten mich vielen Anfragen von Trainern, Coaches und Agenturen. Mit niemandem aber kam ich ernsthaft ins Geschäft. Ich blieb bei mir und meinen westfälischen Wurzeln, war ein bisschen zu stur, um eine Neuaufstellung einzuleiten, und verpasste so genau hier den Zeitpunkt, ZEUS zu einer ganz großen Nummer in der Bundesrepublik zu machen.

> Auf seine eigene Art zu denken ist nicht selbstsüchtig.
> Wer nicht auf seine eigene Art denkt, denkt überhaupt nicht.
> Oscar Wilde

Rund 800 Mitarbeiter im Innen- und Außendienst beschäftigten wir zu diesem Zeitpunkt – zu wenig, um in der Fläche das ganze Land bedienen zu können. Dazu hätte es 3000, vielleicht 5000 ZEUS-Mitarbeiter gebraucht. Ich hätte noch viel größer denken müssen, um ans Maximum zu gelangen. Ich hätte viel Geld in die Hand nehmen müssen, um einen riesigen Mitarbeiterstamm aufzubauen. Ich hätte die Öffentlichkeit suchen und den ZEUS-Jugendschutzbrief mit dem **Hebel Zeit** offensiv bewerben müssen. Ganz sicher hätte unser Produkt auch im grellen Scheinwerferlicht bestanden. Und vielleicht wäre das der Befreiungsschlag gewesen, den wir gebraucht hätten und dem heute unser ganzes Land dankbar hätte sein können.

ZEUS hatte das Zeug, das Land zu verändern, aber ich verpasste den Zeitpunkt.

Vielleicht wäre es das Happy End gewesen, dem ich heute in Gedanken immer noch nachhänge.

Aus tiefer moralischer Überzeugung – entschied ich, auf ein anderes höchst lukratives Geschäft ganz bewusst zu verzichten.

Wohl niemand blieb von den Ereignissen des Zusammenbruchs der DDR und der Wiedervereinigung beider deutscher Staaten in den Jahren 1989/90 emotional unberührt. Äußerst herzlich wurden die Bürger der zusammengebrochenen DDR in den westlichen Bundesländern begrüßt, als sie nach dem Fall der Mauer in Scharen unsere Städte zu ersten Westbesuchen bevölkerten. 100 Mark Begrüßungsgeld und der beißende Zweitakter-Gestank der vielen Trabants in der Nase! Pure Euphorie!

Schnell witterten jedoch auch viele das große Geschäft. Glücksritter und Finanzdienstleister jeder Art, Gebrauchtwarenhändler und auch Versicherungen fielen wie Heuschrecken über den Osten her, die Dollarzeichen im Auge. Ich weiß von Versicherungen, die schon wenige Wochen nach der Wende komplette Hotels und Pensionen anmieteten, um von dort als Standort den Markt aus 17 Millionen Neubürgern zu erobern. 17 Millionen Menschen, die in der frisch vereinigten Bundesrepublik plötzlich ohne Versicherungsschutz dastanden. Allerdings auch ohne jede Kenntnis von Finanzgeschäften im für sie neuen Gesellschaftssystem und so allen möglichen Beratern ohne Skrupel hoffnungslos ausgeliefert.

Aus Strukturvertrieben hörte ich damals fantastische Zahlen von Abschlüssen und Provisionen, die sich im neuen Markt geradezu spielend erzielen ließen. Aus lauter Gier wurden Produkte angeboten, die im Westen schon lange keine Bedeutung mehr hatten.

Es wurde enormes Unheil angerichtet und das Vertrauen in die Versicherungswirtschaft durch diese Geschäftemacherei gravierend beschädigt.

Für ZEUS und für mich persönlich war von Anfang an klar, dass sich unser Unternehmen nicht an dem äußerst fragwürdigen Werben um Kunden in den neuen Bundesländern beteiligen würde. Zu unsicher erschienen mir Anfang der 90er-Jahre die wirtschaftlichen Perspektiven der Menschen dort und damit die Basis für unser Geschäftsmodell, bei dem stets der Mensch im Vordergrund stand. Wir hatten auch im Westen immer Zweckdienliches anzubieten und uns so die Treue unserer Kundschaft auf Dauer sichern können. Das bescherte uns gute Umsätze, aber auch immer das Bewusstsein, den Alltag von Menschen signifikant zu verbessern. Und darauf kam es an!

In der auf Langfristigkeit angelegten Philosophie von ZEUS war ganz einfach kein Platz für die berühmte „verbrannte

Erde". Die mochte zwar kurzfristig beträchtliche Erfolge bringen, konnte aber auf Dauer kaum von Bestand sein, selbst wenn sie von Recht und Gesetz gerade noch so eben gedeckt gewesen war. Ich aber bin mir sicher und habe im Beruf und auch als Privatmensch stets danach gehandelt: Man darf nicht automatisch alles das tun, was nicht verboten ist, das galt auch für den damaligen Zeitpunkt.

Ich habe stets an Gerechtigkeit geglaubt und daran, dass es sich auszahlt, im Leben redlich und ehrlich zu sein. Und dass derjenige eines Tages vom Schicksal eingeholt wird, der sich unehrenhaft und gewissenlos verhalten hat.

> Was du pflanzt, wirst du ernten. Nur der Zeitpunkt ist ungewiss.
> Jürgen Hunke

In der großen, langen Geschichte unserer Menschheit lassen sich zahllose Beispiele hierfür finden, historische und immer wieder aktuelle. Wer Schlechtes sät, kann einfach nicht erwarten, etwas Gutes zu ernten. Es wird nicht funktionieren. Wer indes tugendhaft handelt, wird dafür belohnt. Vielleicht nicht gleich im ersten Zug. Aber auf lange Sicht allemal. Daran glaube ich. Das ist, tief in mir verankert, meine Überzeugung. Das sind meine Grundfeste.

Wir bei ZEUS beteiligten uns also nicht an diesen beispiellosen Aktivitäten der Versicherungen und verzichteten freiwillig auf kurzfristige Rekordgewinne. Wobei ich mit dem Blick von heute manches anders sehe: Auch im Osten hätten wir mit unserem Angebot viel Gutes für die Altersvorsorge tun können. Gerade bei den Menschen, die es heute am nötigsten haben.

Stattdessen trieb mich in den darauffolgenden Jahren immer mehr ein Blick in die Zukunft um: Die Jahrtausendwende nahte!

> Wer immer tut, was er schon kann, bleibt immer das, was er schon ist.
> Henry Ford

Spektakulär, ich würde dabei sein können, wenn der Kalender von 1999 auf 2000 springt! Das löste Überlegungen aus, Nachdenken, Innehalten.

So reifte ein neuer, ganz persönlicher Gedanke in mir heran. Zum Millennium würde ich Mitte 50 sein. Mit Beginn der 2000er-Jahre wollte ich das klassische Berufsleben an den Nagel hängen und fortan bloß noch Dinge tun, für die ich mich als Privatier begeistern konnte.

Meine Mission, mit einer Jahrhundert-Idee die ganze Nation zu retten, hatte sich nicht in vollem Umfang erfüllen lassen. Ich befand mich mit der richtigen Sache auf dem Weg, aber war dann doch auf halber Strecke stehen geblieben. Das tat erst weh (und tut es heute noch ein wenig). Das Unternehmen ZEUS stand aber immerhin auch nach 26 Jahren Firmengeschichte auf sicheren Beinen.

Ich selbst war topfit. Ich fühlte mich im idealen Alter, mein Lebenswerk loszulassen, ehe sich Routinen, Schwäche und Müdigkeit breitmachten. Ein Drittel Lebenszeit lag noch vor mir. Im neuen Jahrtausend wollte ich den Blick konsequent nach vorne richten und mich für neue Projekte engagieren, in wichtige Debatten einbringen und viele Dinge mit meiner Kreativität, meinem Pragmatismus, meiner Unabhängigkeit und mit meinem Mut anpacken und zum Erfolg führen.

Ich einigte mich in Verhandlungen mit der Basler Versicherung über den Verkauf meiner Firma. Exakt am 31. Dezember 1999 griff der Übernahmevertrag – und ich war nach Jahrzehnten harter Arbeit und nimmermüden Einsatzes für ZEUS ein freier, unabhängiger Mann, aber noch weiterhin über 22 Jahre im Aufsichtsrat des Unternehmens ZEUS, die zwischenzeitlich zur Unternehmensgruppe der Basler Versicherungen gehörten.

Doch ganz ohne Knalleffekt und auf leisen Sohlen wollte ich mich nicht verabschieden. Dafür war ZEUS etwas zu Großes und meine Bindung zum Unternehmen und zu meinen langjährigen Mitarbeitern eine viel zu innige gewesen. Ich organisierte zum Abschied eine bis heute unvergessene Party: Udo Jürgens saß

Unser Glück und Seelenfrieden beruhen darauf, dass wir tun, was wir für richtig und angemessen halten, und nicht, was andere sagen oder tun.
Mahatma Gandhi

am Flügel und spielte und sang seine Hits, die mir bis heute besonders am Herzen liegen. Um Mitternacht fand dann das Fest mit der Show des niederländischen Magiers Hans Klok seinen Höhepunkt. Auf der Bühne dirigierte mich Klok in eine große, hölzerne Kiste. Als ich hineingestiegen war, ahnten meine Gäste nicht, dass sie mich zum vorerst letzten Mal gesehen haben würden.

Klok beamte mich mit seiner magischen Kraft ungesehen von der Bühne im Saal auf den Parkplatz vor dem Hotel. In meinem festlichen Anzug stand ich da plötzlich im Schnee. Ein Fahrer wartete bereits auf mich und chauffierte mich auf direktem Weg zum Frankfurter Flughafen. Alles lief nach Plan. Im Wagen streifte ich die festliche Abendkleidung ab und schlüpfte stattdessen in bequeme Jeans, T-Shirt und Lederjacke. Eine rote Kappe zierte nun meinen Kopf.

Frankfurt, Airport. In den frühen Morgenstunden hob das Flugzeug planmäßig ab. Der Pilot der Lufthansa-Maschine flog eine sanfte Kurve über die Stadt und nahm dann Kurs auf meine neue Heimat für die kommenden vier Monate. In Thailand, genauer gesagt auf meiner Lieblingsinsel Koh Samui, östlich des thailändischen Festlands, wollte ich eine ausgedehnte Auszeit nehmen, meine Gedanken ordnen und Abstand gewinnen.

Mit klassischer Arbeit, das stand für mich schon auf dem Landeanflug auf die Tropeninsel fest, wollte ich nach meiner Rückkehr niemals im Leben mehr etwas zu tun haben, vielmehr wollte ich mich meinen vielen ehrenamtlichen Aufgaben widmen.

Dass nach meiner Rückkehr nach Deutschland eine viel unruhigere und höchst spannende Phase meines Lebens beginnen sollte, die bis zum heutigen Tag andauert, ahnte ich, als die Maschine nach langem Flug sanft aufsetzte, noch zu keiner Sekunde.

Kapitel
11

Ein Volksbegehren!

Rentner beim Rundfunk müsste man sein!

„Wo das Volk die Regierung fürchtet, herrscht Tyrannei. Wo die Regierung das Volk fürchtet, herrscht Freiheit."

Thomas Jefferson

Ein Volksbegehren!

Seit mehr als 50 Jahren bin ich intensiv mit den Themen Rente und individueller Altersvorsorge beschäftigt. Zunächst in Vorbereitung meiner beruflichen Selbstständigkeit, dann als Geschäftsführer und Aufsichtsratsvorsitzender der ZEUS-Vermittlungsgesellschaft und nach meinem Rückzug zur Jahrtausendwende bereits seit über zwei Jahrzehnten als engagierter Bürger dieses Landes. Als politisch denkender Mensch, der ich in jungen Jahren bereits gewesen bin und als den ich mich bis heute begreife.

Meine früheren Bücher „Du wirst 60 – und was dann?" und „Du wirst 70 – freu dich drauf!" haben sich schon vor zehn Jahren mit diesem Thema beschäftigt.

Aber: Es ist alles noch schlimmer
und undurchsichtiger geworden.

Anfangs war das Problem, dass die staatlichen Renten für die Bürger der Bundesrepublik bald nicht mehr ausreichen würden, für die Menschen nur schwer zu greifen. Bloß Spezialisten sahen früh eine gewaltige Herausforderung für unsere Gesellschaft aufziehen. Doch flächendeckend gewarnt wurde wider besseres Wissen von keinem der verantwortlichen Experten.

Politiker schwiegen und suggerierten stattdessen aus reinem Machtkalkül das Gegenteil. Auch Wissenschaftler und Journalisten erhoben nicht ihre Stimmen. Wie bei einem Tsunami braute sich weit draußen auf dem Meer eine riesige Welle zusammen, die bald das Land erreichen und es überfluten würde. Seismologen, um im Bild zu bleiben, hatte dieses Land genug. Doch die ließen ihre Frühwarnsysteme für die Bürgerinnen und Bürger ausgeschaltet. Niemand wurde ausreichend deutlich gewarnt. Aus purem Eigennutz wurden die Probleme erst ignoriert und dann kaschiert. Heute stehen wir in Deutschland vor dem Scherbenhaufen dieser verantwortungslosen Politik.

Die Altersarmut vieler Menschen tritt längst wie eine klaffende Wunde zutage. Rot, blutend, schmerzhaft. Und nicht zu stillen.

Aktuell ist das Thema Rente, genau gesagt, die unzureichende staatliche Versorgung vieler Senioren, sind die prekären finanziellen Verhältnisse vieler älterer Männer und in großer Zahl auch Frauen in aller Munde. Kaum ein Abend, an dem im Fernsehen nicht Reportagen laufen, in der betroffene Menschen von Kameras in ihrem beschwerlichen und bitteren Alltag begleitet werden und zu Wort kommen.

Hier einige Beispiele von Bürgerinnen und Bürgern unserer Bundesrepublik, die in ihrem beruflichen Leben rechtschaffen gearbeitet und über Jahrzehnte nach bestem Wissen und Gewissen zum Erfolg dieses Landes beigetragen haben. Und die heute dennoch nicht mehr wissen, wie sie ihr Leben nach Erreichen des wohlverdienten Rentenalters finanzieren können. Keinen Luxus wohlgemerkt, nein, ihren ganz normalen bescheidenen Alltag!

- Christel Wilhelm (70): 4,30 Euro zum Leben – am Tag! (Kapitel 2 dieses Buches)

- Ingeborg Engl (65), ehemalige Kindergärtnerin aus Bayern, muss den ganzen Monat mit 300 Euro auskommen. (Reportage im Bayerischen Rundfunk vom 13. Juli 2022)

- Gisela Quenstedt (68), ehemalige Verlagskauffrau aus Hamburg, bezieht 900 Euro Rente. Nach Abzug aller Kosten bleiben ihr 230 Euro, das sind weniger als acht Euro am Tag. Sie sammelt Regenwasser, um damit die Toilette zu spülen, und benutzt Teebeutel bis zu sechsmal. (stern TV vom 2. August 2017)

- Hans Masch (75), ein ehemaliger Kunst- und Bauschlosser, muss mit 200 Euro im Monat für Einkäufe, Kleidung und Hygieneartikel auskommen. Er bräuchte eine Brille, weil er seine alte bereits dreimal geklebt hat, und neue Zähne: „Ich kaue auf der Felge.“ Alles unerschwinglich. (ARD-Exclusiv vom 16. Dezember 2011)

- Betty Neumann (81), eine ehemalige Küchenhilfe aus Hamburg, die sieben Kinder großgezogen hat, erhält 850 Euro Rente, ihre Miete beträgt 420 Euro. Nach Abzug aller Kos-

> ten bleiben 250 Euro. Eine Dose Nudeln in Tomatensoße reichen ihr zwei Tage. Lebenslang gearbeitet, am Ende auf die Tafel angewiesen. Am Leben in der Gesellschaft teilzunehmen kann sich Betty Neumann nicht mehr leisten. „Ich fühle mich in die Ecke gedrängt." (Spiegel TV vom 27. Dezember 2013)

Laut Statistischem Bundesamt stand im Jahr 2021 mehr als einem Viertel der Rentnerinnen und Rentner in Deutschland ein monatliches Nettoeinkommen von weniger als tausend Euro zur Verfügung: 4,9 Millionen (27,8 Prozent) fielen unter diesen Wert! Bei den Männern sind es „nur" 14,7 Prozent, bei den Frauen sogar 38,2 Prozent – mehr als jede dritte!

Im Jahr 2021 arbeiteten 12,9 Prozent der 65- bis unter 75-Jährigen. Zehn Jahre zuvor waren es noch ein Anteil von „nur" 7,0 Prozent. Für die Mehrheit der 65- bis unter 75-jährigen Erwerbstätigen war dieses Einkommen ein notwendiger Zuverdienst, weil die Rente nicht zum Leben reicht.

Immer mehr ältere Menschen sind auf staatliche Unterstützung, die Grundsicherung, angewiesen. Eine Art von Sozialhilfe im Alter. Doch die Zahlen, die offiziell bekannt gegeben werden, sind geschönt. Denn die Dunkelziffer derer, die sich aus Scham nicht beim Amt melden, kommt noch hinzu. Eins scheint sicher: Sie ist hoch!

Ich finde das einfach nur erschreckend!

Und nun drehe ich meinen Scheinwerfer gemeinsam mit Ihnen, liebe Leser, einmal auf die andere Seite der Skala, ich möchte fast schreiben: auf die andere Seite der Nahrungskette.

Denn parallel zu immer schmaler ausfallenden staatlichen Renten für ganz normale Bürger hat sich eine Kaste herausgebildet, die es sich besser und besser gehen lässt. Es sind die Politiker, die Beamten und die Top-Führungskräfte weiterer, staatlich versorgter Anstalten wie etwa den öffentlich-rechtlichen Rundfunkhäusern. Sieht man sich auch hier das System und einzelne Fälle darin an, kann man sich des Eindrucks von Raffgier und Skrupellosigkeit nicht erwehren. Und das macht mich ein zweites Mal wütend.

Auch hier einige eindrückliche Beispiele:

- Minister auf Bundesebene mögen fürstlich verdienen. Wer eine herausragende Position bekleidet, besondere Kompetenz besitzt und große Verantwortung trägt, der muss auch gut verdienen. Was für mich aber nicht zu verstehen ist: das Tempo, in dem diese Politiker Ansprüche auf Pensionen erwerben. Schon nach vier Jahren können sie sich auf mehr als 4000 Euro monatlich verlassen, die sie im Alter kassieren. Eine Ohrfeige für jeden redlichen Angestellten in diesem Land.

- Einfachen Abgeordneten im Bundestag steht nach vier Jahren mit Mandat bereits eine Altersversorgung zu. Mit jedem Jahr mehr kommt mehr hinzu. Nach 27 Jahren im Parlament ist ein Maximalbetrag von über 6750 Euro monatlich erreicht. Da macht das Rentnerleben Spaß.

- Die Mindestpension der Beamten beträgt nach fünf Jahren 1866 Euro, ein Durchschnittsverdiener muss dafür mehr als 45 Jahre arbeiten, und selbst ein Arbeitnehmer, der immer den Höchstbeitrag in die gesetzliche Rentenversicherung einzahlt, muss das mehr als 35 Jahre lang tun, um die Rente eines Beamten nach nur fünf Jahren zu erhalten.

- Die Höhe der Beamtenpension richtet sich nach dem Verdienst in den letzten beiden Dienstjahren (im Normalfall selbstverständlich die höchsten Bezüge des gesamten Berufslebens). Die Rente des normal Angestellten ist dagegen am Durchschnittsverdienst orientiert. Die Pension von Beamten fällt generell deutlich höher aus als die ausgezahlte Rente der Deutschen Rentenversicherung. Beamte können mit bis zu 71,75 Prozent des Bruttogehalts der letzten zwei Berufsjahre vor dem Ruhestand als Pension kalkulieren.

- Mitten in der Energiekrise im Jahr 2022 kamen die beinahe 50.000 Beamten der Europäischen Union auf die Idee, die Erhöhung ihrer Bezahlung um 6,9 Prozent zu diskutieren. Da die Dienstbezüge (Diäten) der EU-Abgeordneten sich an einem Richtergehalt orientieren, sollten EU-Abgeord-

III. Wichtige Argumente

DAS SIND DIE SCHLIMMSTEN: RENTNER BEIM RUNDFUNK!

Genau 18,36 Euro zahlt im Jahr 2023 jeder deutsche Haushalt im Monat als Rundfunkbeitrag. Doch mit den Zwangsgebühren, die sich zu Milliarden summieren, wird lange nicht nur die Produktion der verschiedenen öffentlich-rechtlichen Programme finanziert.

Der gesamte öffentlich-rechtliche Rundfunk gab im Jahr 2021 für Betriebsrenten bzw. Rückstellungen 667,9 Millionen Euro aus!

Beim ZDF gibt es mittlerweile mehr Rentner als aktive Mitarbeiter.

Besonders die Damen und Herren in den Führungsetagen der Sendeanstalten können sich auf paradiesische Pensionen in Form von Betriebsrenten freuen.

Hier einige Beispiele:
Die Intendantin des MDR, Karola Wille, darf sich auf rund 18.000 Euro Betriebsrente freuen, wenn sie im Oktober 2023 auf das Altenteil wechselt. Die staatliche Rente kommt sogar

noch obendrauf. Für Tom Buhrow, Intendant beim WDR, wurden bisher mehr als vier Millionen Euro an Rückstellungen gebildet, um ab dem Jahr 2025 seine Betriebsrente auszahlen zu können.

Zum Vergleich: Ein gewöhnlicher Rentner erhält in Deutschland maximal 3141,82 Euro Rente im Monat. Selbst Beamte, die ihrerseits üppige Pensionen kassieren, können von Zahlungen wie bei den öffentlich- rechtlichen Sendern nur träumen.

Was denken eigentlich die Führungspersönlichkeiten der öffentlich-rechtlichen Anstalten, wenn sie abends in ihren eigenen Programmen Beiträge über Altersarmut in Deutschland sehen?

nete ebenfalls auf einen Schlag 632 Euro monatlich mehr erhalten (9800 Euro). Was natürlich auch Einfluss auf die Höhe der späteren Pension nach sich zieht.

- Karola Wille, Intendantin beim MDR, kassiert bei ihrem öffentlich-rechtlichen und von unseren Rundfunkgeldern finanzierten Sender nicht nur knapp 26.000 Euro Gehalt im Monat. Die 64-Jährige kann sich auch auf eine Rente in Höhe von rund 18.000 Euro freuen. Der Mitteldeutsche Rundfunk hat allein für die Pension seiner Intendantin 4,6 Millionen Euro an Rückstellungen gebildet, um bei ihrem Renteneintritt zahlungsfähig zu sein!

- Zweiklassengesellschaft: Während ein normaler Rentner maximal **3141,82 Euro** im Monat vom Staat erhält, kommen bei den Intendanten der Öffentlich-Rechtlichen die Betriebsrenten noch hinzu – finanziert aus unseren Gebührengeldern.

- Selbstbedienungsladen: Tom Buhrow, Intendant des WDR, kann sich nach Berechnungen der „Bild“-Zeitung von Herbst 2022 an auf bis zu 25.000 Euro monatlich freuen, wenn er ab Sommer 2025 morgens nicht mehr früh aus den Federn muss.

- Für Programmdirektor Jörg Schönenborn hat der WDR bereits mehr als drei Millionen Euro zurückgelegt, die für seine Betriebsrente des Senders zur Verfügung stehen.

- In Hamburg können ehemalige Senatsmitglieder bereits im Alter von 60 Jahren ein sogenanntes Ruhegeld beziehen, sofern sie mindestens vier Jahre im Amt gewesen sind. Dann stehen ihnen für jedes Amtsjahr 2,5 Prozent ihres Amtsgehalts zuzüglich eines altersabhängigen Zuschlags zu. Das können von Fall zu Fall beträchtliche Beträge sein. Maximal winken sogar 13.000 Euro Ruhegeld.

Fernab der Realität und der Sorgen von Millionen normaler Rentner hat sich in unserem Land also eine Elite entkoppelt, die sich Privilegien unter den Nagel reißt, die nach meiner Auffassung durch nichts gerechtfertigt sind. Und die von uns als Gemeinschaft der Steuer- und Gebührenzahler auch noch zwangsfinanziert werden.

Im Zusammenspiel mit dem gewissenlosen Umgang mit akuten Problemen im staatlichen Rentensystem, die lange kollektiv ignoriert und kleingeredet wurden, im Lichte dieser skandalösen Tatenlosigkeit – noch nicht einmal ausreichend Warnungen an die Menschen hat es gegeben – habe ich für mich beschlossen: So kann und so darf es nicht weitergehen.

Die Verantwortlichen für dieses Desaster müssen zur Rechenschaft gezogen werden! Ein „Weiter so“ darf es in Zukunft nicht geben!

Bei den teils erschütternden Recherchen zu diesem Buch habe ich den Entschluss gefasst, die Dinge auf einen besseren, auf einen gerechteren Weg zu bringen und dabei alle politischen und demokratischen Mittel auszuschöpfen, die mir als Bürger zur Verfügung stehen.

Ich hoffe, dass es gelingt, ein Volksbegehren zu beantragen.

Einige Vorarbeiten für solch eine Initiative habe ich bereits getroffen. In meiner Heimat, dem Stadtstaat Hamburg, ist das Vorgehen hierfür gesetzlich klar geregelt, und zwar in Artikel 50 der Hamburger Landesverfassung.

Einfach zusammengefasst läuft eine Volksbeteiligung in drei Schritten ab:

Schritt 1 – Die Volksinitiative: Bürger der Freien und Hansestadt Hamburg können ein Anliegen zur Behandlung in die Hamburger Bürgerschaft bringen. Voraussetzung hierfür ist die Unterstützung von mindestens 10.000 Wahlberechtigten. Wird diese Zahl binnen eines Monats erreicht, ist die Bürgerschaft gezwungen, sich mit dem Anliegen zu befassen. Die Initiatoren erhalten Gelegenheit, ihr Anliegen im jeweiligen Ausschuss vorzubringen. Die Bürgerschaft muss dem Anliegen jedoch nicht entsprechen.

Schritt 2 – Das Volksbegehren: Entspricht die Bürgerschaft dem Anliegen nicht, so können die Initiatoren nach vier Monaten die Durchführung eines Volksbegehrens beantragen. Nun ist die Unterstützung von einem Zwanzigstel der Wahlberechtigten in Hamburg nötig. Dies sind etwa 65.000 Personen. Wird diese Zahl erreicht, muss sich die Bürgerschaft erneut mit dem jeweiligen Anliegen befassen. Die Initiatoren erhalten erneut Gelegenheit, ihr Anliegen im jeweiligen Ausschuss vorzubringen. Erneut muss die Bürgerschaft dem Anliegen nicht entsprechen.

Schritt 3 – Der Volksentscheid: Entspricht die Bürgerschaft dem Anliegen nicht, legt der Senat den Gesetzentwurf auf Antrag der Initiatoren dem Volk zur Entscheidung vor. Die Bürgerschaft kann diesem Gesetzentwurf einen eigenen Entwurf beifügen. Einer der Gesetzentwürfe ist angenommen, wenn die Mehrheit der Abstimmenden und mindestens ein Fünftel der Wahlberechtigten (etwa 265.000 Personen) zustimmen. Ein Volksentscheid findet am Tag der Wahl der Hamburger Bürgerschaft oder der Bundestagswahl statt.

Parallel habe ich eine zweite Vorschrift im Blick, die die Pension der Senatoren in Hamburg regelt.
Das ist Paragraf 14 des Senatsgesetzes, hier heißt es:

> *(1) Ein ehemaliges Mitglied des Senats erhält im Anschluss an die Amtsbezüge Ruhegehalt, wenn er*
> *1. 1.*
> *sein Amt insgesamt mindestens vier Jahre oder für eine nicht nach Artikel 11 der Verfassung beendete Wahlperiode bekleidet hat oder*

2. 2.
bei Beendigung seines Amtsverhältnisses infolge einer Gesundheitsbeschädigung, die er bei Ausübung seines Amtes oder im Zusammenhang mit seiner Amtsführung ohne grobes Verschulden erlitten hat, in seiner Erwerbsfähigkeit nicht nur vorübergehend wesentlich beschränkt ist.
Amtszeiten als Mitglied der Bundesregierung oder einer anderen Landesregierung stehen Amtszeiten als Mitglied des Senats gleich.

(2) Der Anspruch auf Ruhegehalt ruht bis zum Ende des Kalendermonats, in dem
1. 1.
die für entsprechende hamburgische Beamte geltende Regelaltersgrenze erreicht oder
2. 2.
das Ruhegehalt auf Antrag vorzeitig ab Vollendung des 60. Lebensjahres in Anspruch genommen wird, jedoch nicht über den Beginn des Kalendermonats hinaus, von dem an Dienstunfähigkeit nach den Vorschriften des hamburgischen Beamtenrechts festgestellt wird.

(3) Das Ruhegehalt beträgt für jedes Amtsjahr als Mitglied des Senats zweieinhalb vom Hundert des Amtsgehalts und des Familienzuschlags bis zur Stufe 1; ein Rest der Amtszeiten von mehr als hundertzweiundachtzig Tagen gilt als Amtsjahr. Dem Ruhegehalt werden für jedes vollendete Lebensjahr nach Vollendung des siebenundzwanzigsten Le-

bensjahres bis zum Eintritt in den Senat eineinviertel vom Hundert, höchstens jedoch fünfundzwanzig vom Hundert des Amtsgehalts und des Familienzuschlags bis zur Stufe 1, hinzugerechnet. Der Höchstsatz für das Ruhegehalt beträgt 71,75 vom Hundert des Amtsgehalts und des Familienzuschlags bis zur Stufe 1. In den Fällen des Absatzes 2 Nummer 2 vermindert sich das Ruhegehalt um 3,6 vom Hundert für jedes Jahr, um das das ehemalige Mitglied des Senats vor Ablauf des Monats, in dem ein entsprechender hamburgischer Beamter die für ihn jeweils geltende Altersgrenze erreicht, das Ruhegehalt vorzeitig in Anspruch nimmt. Die Minderung des Ruhegehalts darf 14,4 vom Hundert nicht überschreiten.

(4) Ein ehemaliges Mitglied des Senats, das nicht nach Absatz 1 ruhegehaltsberechtigt ist, erhält bei Beendigung seines Amtsverhältnisses einen Ausgleich in Höhe seines Versorgungssolidarbeitrages nach § 12a sowie in Höhe der Beiträge, die ein Arbeitgeber als seinen Anteil zur Rentenversicherung der Angestellten für die Amtszeit zu entrichten gehabt hätte (Arbeitgeberanteil). Der Ausgleich ist um den Arbeitgeberanteil zu mindern, wenn die Amtszeit als Mitglied des Senats für eine Versorgung aus einer Verwendung oder Tätigkeit der in § 16 Absätze 2 und 3 genannten Art als Dienstzeit im Sinne der jeweils anzuwendenden Versorgungsregelung angerechnet wird. Wenn das ehemalige Mitglied des Senats in einem neuen Amtsverhältnis als Mitglied des Senats ruhegehaltsberechtigt wird, ist der Aus-

gleich zurückzuzahlen; wenn später die Voraussetzungen des Satzes 2 eintreten, ist der Ausgleich in Höhe des Arbeitgeberanteils zurückzuzahlen.

(5) Auf Antrag des Senats kann die Bürgerschaft zur Vermeidung einer unbilligen Härte

1. 1.

ein Ruhegehalt bis zur Höhe des sich nach Absatz 3 ergebenden Betrages gewähren, wenn die Voraussetzungen der Absätze 1 und 2 nicht erfüllt sind, und

2. 2.

abweichend von Absatz 3 ein höheres Ruhegehalt bewilligen insbesondere unter Berücksichtigung einer Tätigkeit im öffentlichen Interesse; der Höchstsatz des Ruhegehaltes darf dabei nicht überschritten werden. Das Ruhegehalt kann auch befristet oder unter dem Vorbehalt jederzeitigen Widerrufs zuerkannt werden.

(6) Die Bürgerschaft kann einem Kandidaten für das Amt eines Mitglieds des Senats oder einem Mitglied des Senats, dessen Anwartschaft auf eine anderweitige Altersversorgung mit Rücksicht auf die Begründung des Amtsverhältnisses als Mitglied des Senats erlischt oder beeinträchtigt wird, zum Ausgleich einer dadurch entstehenden Härte für den Fall der Begünstigung des Amtsverhältnisses ein Ruhegehalt nach Maßgabe des Absatzes 5 bewilligen.

Was ich erreichen möchte:

Ich möchte erreichen, dass die Pensionsansprüche der Hamburger Politiker auf das Maß normaler Angestellter reduziert wird. Warum sollten Politiker schneller Pensionsansprüche generieren als Angestellte? Warum sollten sie höher ausfallen? Mit welchem Recht?

Sie mögen mich für einen Fantasten halten, mein Vorhaben für eine komplizierte Idee. Mir sind die gesetzlichen Schranken wohl bewusst (siehe dazu die Sonderseite zur Volksabstimmung auf den folgenden Seiten).

Jeder Einzelne ist ein Tropfen, gemeinsam sind wir ein Meer.
Ryunosuke Satoro,
japanischer Autor

Ich aber möchte die Verantwortlichen für den nationalen Rennotstand zur Verantwortung ziehen und die selbst verabreichten Privilegien dieses neuen Adels in Deutschland ein für alle Mal beseitigen.

Im Übrigen bin ich sicher, dass ich mit vielen guten Argumenten genügend Mitstreiter und Unterschriften für mein Vorhaben sammeln kann, sodass solch ein Anliegen vielleicht doch auf den Weg gebracht werden könnte – oder zumindest die Diskussionen darum auf breiter öffentlicher Ebene.

Die Vorschläge für ein Volksbegehren in Hamburg sind indes bloß als ein erster Schritt zu verstehen.

Entfachen wir in Hamburg eine echte Debatte über die Ungerechtigkeit im deutschen Rentensystem, über die überdimensionierten Ansprüche von Politikern und Beamten, dann überträgt sich diese von der regionalen schnell auch auf die nationale Ebene. Denn auch hier besteht dringender Reformbedarf. Auch hier möchte ich durch meine Initiative für gesunde Verhältnisse sorgen.

Unterstützen Sie bitte diese Aktion!

IV. Wichtige Argumente

WER HAT DAS GEWUSST? EINE VOLKSABSTIMMUNG ÜBER POLITIKER-DIÄTEN IST NICHT ERLAUBT – EIN UNDING!

Seit dem Jahr 1996 gibt es in meiner Heimatstadt Hamburg das Instrument der Volksgesetzgebung. Etwas Urdemokratisches, das ich als überzeugter Demokrat natürlich ausdrücklich und von ganzem Herzen begrüße: Bürgerinnen und Bürger dürfen sich mit ihrer Stimme am politischen Entscheidungsprozess beteiligen. Es reichen sogar schon 10.000 Unterschriften, damit eine Angelegenheit zur Behandlung in die Hamburger Bürgerschaft gebracht werden kann.

Im Laufe der Jahre hat es in Hamburg Dutzende solcher Volksinitiativen gegeben. Sinnvolle und weniger sinnvolle, erfolgreiche und gescheiterte – aber immer aus der Mitte unserer Gesellschaft heraus, aus dem Herz der Demokratie!

Es wäre mein ausdrücklicher Wunsch, die Pensionen der Hamburger Politiker über eine Volksabstimmung auf ein angemessenes Maß zurechtzustutzen. Dies ist mir laut Gesetz aber nicht möglich. In Artikel 50 der Verfassung der Freien und

Hansestadt Hamburg heißt es, dass Dienst- und Versorgungsbezüge ausdrücklich nicht Gegenstand einer Volksinitiative sein können. Seit dem Diäten-Urteil des Bundesverfassungsgerichts von 1975 bestimmen Bundes- und Landtagsabgeordnete die Höhe ihrer Bezüge sogar selbst.

Warum ist das so? Und vor allem:
Warum muss das so bleiben?

Ich möchte Sie dazu aufrufen, sich mit mir gemeinsam dafür einzusetzen, dass unser Volk in Zukunft auch über die Bezüge von Politikern entscheiden darf.

Lassen Sie uns darüber diskutieren. Einen politischen Weg finden. Mehrheiten schaffen.

Schreiben Sie mir gern Ihre Meinung

Kapitel
12

Fünf Ideen für eine bessere Zukunft

Warum hat niemand den Hebel ZEIT erkannt und die notwendigen Voraussetzungen geschaffen?

„Deine Zukunft wird durch das bestimmt, was du heute tust, nicht morgen.“

Robert T. Kiyosaki

Fünf Ideen für eine bessere Zukunft

Nachdem, Sie, liebe Leserinnen und Leser, in diesem Buch die wesentlichen Probleme aufgezeigt bekommen haben, werden Sie sicher nach einer Lösung und nach meinen Vorschlägen fragen, was in dieser Misere denn zu tun ist. Ich will dem nicht ausweichen und Ihnen meine Lösungen und Ideen gern mitteilen.

1. IDEE: DER HEBEL ZEIT UND DIE RENTENPROBLEMATIK

Es müssen neue Wege gefunden werden, und diese gilt es schnell in die Tat umzusetzen. Unsere gesamte Gesellschaft sieht sich einer Frage der Moral gegenüber. Wir alle müssen Verantwortung übernehmen für Millionen von Rentnern in der Gegenwart sowie auch für die künftiger Generationen.

Ankündigungen der Regierung, etwa dass die Rente um wenige Prozentpunkte angehoben werden wird, helfen kaum. In der Praxis nämlich drohen die Rentner angesichts steigender Inflationsraten künftig noch schlechter dazustehen.

Dieses Problem sprechen Politiker und Parteien aber nicht an, weil sie fürchten, dass jede mögliche Antwort hierauf die Gunst des Wählers schmälern würde.

MEIN VORSCHLAG

Bevor wir eines Tages von einer heftigen Reaktion der jungen und alten Menschen überrascht werden – man kann dies auch als eine indirekte Revolution bezeichnen –, müssen direkte und einschneidende Verbesserungen erzielt und Lösungen gefunden werden. Nämlich: Jeder deutsche Staatsbürger, der, gleich welcher Höhe, mindestens 60 Monate Rentenbeiträge eingezahlt hat (Ausbildungs- und Studienzeit werden berücksichtig), erhält ab dem Alter von 67 Jahren eine Mindestrente von 1600 Euro.

Dies soll bedeuten, dass eine rechnerisch kleinere Rente jeweils um einen individuellen Betrag auf insgesamt 1600 Euro aufgestockt wird.

Die Inflationsrate ist zu berücksichtigen, die Rente ist um diesen Prozentsatz anzupassen.

FINANZIERUNG

Die Finanzierung soll zwischen allen Parteien vereinbart werden, als verantwortlicher Beitrag zu einer funktionierenden Gesellschaft. Der Solidaritätszuschlag zum Wiederaufbau der ehemaligen DDR soll per sofort einem anderen Zweck zufließen, sämtliche Einnahmen hieraus künftig für Rentenzahlungen eingesetzt werden.

Zusätzlich soll für die Dauer von 20 Jahren eine Rentensteuer in Höhe der benötigten Summe von all denen Bürgern erhoben werden, die mindestens 100.000 Euro im Jahr versteuern. Das eingenommene Geld darf ausschließlich für die neue Rentenlösung verwendet werden. Sie ist also zweckgebunden.

Ein großer Solidarpakt der Moral und der Sicherheit unserer Gesellschaft entsteht!

Weiterhin sollen sich alle Rentenzahlungen an Politiker, Beamte und Personen im öffentlichen Dienst, besonders auch in öffentlich-rechtlichen Fernseh- und Rundfunkanstalten, den Höchststufen der Zahlungen aus der gesetzlichen Versicherung anpassen. Der angesprochene Personenkreis muss dann ab sofort – wie jeder andere Bürger auch – möglicherweise höhere Ansprüche privat versichern. Auch dieser Vorstoß soll von allen Parteien getragen und verabschiedet werden.

2. IDEE: GEMEINSAMKEIT

Die Menschen in Deutschland müssen wieder zusammenrücken.

Neid und Missgunst sind schlechte Motivation! Gemeinsamkeit heißt die neue Maxime, Verantwortung untereinander und miteinander können Wunder bewirken. Auch die Medien sollten mehr informieren, als bloß Meinung zu produzieren. Jeder Einzelne sollte sich seiner großen Verantwortung bewusst sein. Das Geld, das Staat und auch die Menschen ausgeben, muss immer erst verdient werden. Aus meiner persönlichen Erfahrung heraus ist dies ein sicheres und verlässliches Erfolgskonzept.

3. IDEE: DEUTSCHER BILDUNGSFONDS

Unsere Bundesrepublik Deutschland benötigt ein neu aufgesetztes Bildungssystem, das auch in Zukunft tragfähig, modern und beispielhaft ist, sodass wir es wieder erfolgreich in die Welt exportieren können. Wir sollten Vorreiter und Vorbild im Bereich Bildung sein und sie neben unserer Wirtschaft, Wissenschaft und Kultur wieder als Schwerpunkt entwickeln.

SCHWERPUNKT DER MASSNAHMEN

1. BUNDESEINHEITLICHE ZENTRALE VERWALTUNG

2. MINDESTENS EINE FREMDSPRACHE AB DER ERSTEN KLASSE

3. EINFÜHRUNG EINER SCHULUNIFORM WIE IN SINGAPUR, HONGKONG, THAILAND ETC., UM EINHEITLICHKEIT FÜR ALLE SCHULFORMEN ZU GEWÄHRLEISTEN

4. BESTE LEHRERAUSBILDUNG. GLEICHE BEZAHLUNG WIE IN DER WIRTSCHAFT ODER BEI DEN FERNSEHANSTALTEN

5. ALLE SCHULEN WERDEN GLEICH AUSGESTATTET UND VEREINHEITLICHT IN KOMFORT, ÄSTHETIK UND QUALITÄT

FINANZIERUNG

Wir werden nur so weiterleben können wie in den vergangenen Jahrzehnten, wenn wir uns neue Ziele setzen und Wesentliches verändern. Die Jugend ist unsere Zukunft und sichert Wohlstand und ein geordnetes Leben. Die Erbschaftssteuer muss oberhalb der steuerlichen Freigrenzen erhöht werden. Die sich ergebenen Mehrbeträge müssen in einen Bildungsfonds in Deutschland eingezahlt werden, für andere Zwecke dürfen sie nicht verwandt werden.

ENTWICKLUNG EINER NEUEN SPARFORM

Unter staatlicher Aufsicht entwickeln Banken und Versicherungen ein Fondsprodukt, bei dem 50 Prozent in Sachwerte und 50 Prozent in Geldwerte ausschließlich in Deutschland investiert werden können. Die Maximaleinzahlung bis zum 60. Lebensjahr beträgt eine Million Euro. Die daraus entstehenden Ansprüche dürfen erst ab einem Alter von 60 Jahren erfolgen und sind steuerfrei. Somit hat jeder junge Mensch ein Ziel und es in der eigenen Hand, den dritten Abschnitt seines Lebens in wirtschaftlicher Sicherheit zu gestalten. Dadurch wird sich eine Verschiebung von Arm zu Reich ergeben, was zur Zufriedenheit aller Bevölkerungskreise beiträgt.

4. IDEE: KORRUPTION BEKÄMPFEN

Die Korruption in der Welt, aber zunehmend auch bei uns in Deutschland, wirkt wie Krieg. Sie ist zersetzend und muss unterbunden und in gemeinsamer Anstrengung aufs Schärfste bekämpft werden. Korruption verdirbt die Menschen, sie zerstört Zusammenhalt und verhindert Fortschritt. Nur einige wenige profitieren von ihr, und die ganze Welt droht eines Tages an Korruption zugrunde zu gehen. Wir benötigen daher eine zentrale Handlungsweise. Wer unser Leben und unsere Gesellschaft durch Korruption zu zerstören sucht, erhält die erforderliche Reaktion – eine harte Reaktion.

Ich habe in meinem Leben bereits als junger Mensch immer gegen Korruption, besonders in der Politik, gekämpft und als Einzelner meinen Beitrag dagegen erbracht. Leider macht das niemals Freunde. In meinem Buch „Machtkartell – Eine Stadt als Beute", das ebenfalls im Mikado Verlag erschienen ist, wurde ausführlich offengelegt, welche Korruptionsfälle die Entwicklung der Stadt Hamburg gebremst haben.

Ich betrachte mich aufgrund meiner jahrzehntelangen Arbeit und meines weitverzweigten Netzwerks als eine der bestinformierten Personen im Stadtstaat Hamburg. Daher weiß ich: Die Methoden der Täter werden leider immer schlauer, gerissener. Und sie werden bei Weitem nicht zentral genug bekämpft. In der gesamten Welt, besonders auch in kommunistischen Ländern, wird Korruption hingenommen, als wäre sie ein unabdingbarer Teil des Systems. Genau das Gegenteil ist aber der Fall.

Die größten Verbrechen zum Nachteil einer Gesellschaft werden in Bau- und Grundstücksgeschäften gemacht. Leider auch in Demokratien wie unserer in Deutschland. Die Korruption hat nun sogar das Europäische Parlament erreicht, wie wir kürzlich hören, sehen und lesen konnten. In China, dem Land mit der größten Bevölkerung der Welt, kann man kein Grundstück kaufen, sondern es lediglich für eine bestimmte Zeit in Erbpacht zum Zweck der Bebauung erwerben. In Russland haben Oligarchen die unsichere Zeit des Wandels für ihre persönlichen Zwecken schamlos ausgenutzt und in Kauf genommen, dass notwendige Verbesserungen im eigenen Land ausblieben. Brutale Korruption zulasten von Millionen Menschen. Die Täter, milliardenschwer, führen dagegen ein Leben in Saus und Braus.

In Thailand, wo ich das Manuskript zu diesem Buch verfasse, hat man der importierten Korruption einen Riegel vorgeschoben; hier ist es nur Einheimischen mit thailändischem Pass möglich, Firmen und Grundbesitz bestimmend zu erwerben. Auf diese Weise wird versucht, wirtschaftlichen Verbrechen Einhalt zu gebieten.

Und was machen wir in Deutschland?

Ich frage mich und Sie: Warum gibt es in Dörfern, Städten, Kreistagen, Landtagen, im Bundestag und in vielen öffentlichen Kreisen noch immer geheime und vertrauliche Sitzungen und Abstimmungen? Dies ist doch der ideale Nährboden für Korruption! Ich musste etliche Jahre als Fraktionsvorsitzender und Parteivorsitzender miterleben, mit welchen dummen Argumenten immer wieder Vertraulichkeit in Abstimmungen gefordert und auch durchgesetzt wurde, sodass Informationen in einem geschlossenen und erlauchten Zirkel verbleiben konnten.

Mein klarer Wunsch für die Zukunft:
Lassen Sie uns all das öffentlich und transparent machen, was gesetzlich nicht zwingend vertraulich zu behandeln ist!

Wer sich in einem öffentlichen Amt strafbar macht, soll sofort aus diesem ausscheiden müssen und alle Pensionsansprüche verlieren. Bei erwiesener Schuld soll zudem der Name der betreffenden Person öffentlich bekannt gemacht werden. Eine zentrale gesetzliche Regelung wäre hierfür ein großer Schritt in die richtige Richtung.

5. IDEE: GLAUBEN

Wir müssen zu jeder Zeit an das Gute glauben. Hierauf baut das System der gesamten Welt auf. Meine wichtigste Erkenntnis in meinem Leben: Das Böse hat noch nie etwas Positives bewirkt, das Gute aber umso mehr.

Es gibt für mich keine einzige Alternative, der christliche Grundsatz vom Geben und Nehmen ist das Fundament für ein gutes, tugendhaftes und harmonisches Leben. Ich bin stolz darauf, dies begriffen und in meinem Leben umgesetzt zu haben. Um es mit den Worten des großen Philosophen Konfuzius auszudrücken:

Was du pflanzt, wirst du ernten,
im Positiven wie im Negativen.

Nur der Zeitpunkt ist ungewiss!!!

Lassen Sie mich meine Aussagen damit beenden. Wir haben nur ein Leben. Es könnte alles leichter und schöner sein, wenn wir die drängendsten Probleme im Sinne einer gemeinsamen Zukunft lösen würden.

WIR MÜSSEN ES NUR WOLLEN!!!

In eigener Sache

Meine 7 Werte

Dieses Buch ist auch ein Vermächtnis

„Du musst bereit sein, die Dinge zu tun, die andere niemals tun werden, um die Dinge zu haben, die andere niemals haben werden."

Les Brown

Dieses Buch ist auch ein Vermächtnis

1. Lebenserfahrung

Es ist ein unglaublich schönes Gefühl, in diesem Jahr 2023 meinen 80. Geburtstag zu feiern. Zu solch einem markanten Jahrestag gehört es für meine Begriffe zwingend, einmal Bilanz über das eigene Leben zu ziehen: Was habe ich richtig gemacht? Was war verkehrt? Was hat sich gelohnt zu tun? Und welche Fehler habe ich begangen?

Wichtig ist mir, dass meine Lebensbilanz alles in allem und zum heutigen Zeitpunkt positiv ausfällt.

Essenziell bleiben für mich die verschiedenen Abschnitte eines Lebens. Die Jugend. Das aktive Berufsleben und die Familiengründung. Das bewusste Altern.

Meine Erkenntnis, nachdem ich diese Phasen selbst durchlebt und Erfahrungen gemacht habe: Man benötigt über sein gesamtes Leben hinweg einen Plan, eine Richtschnur, die einem Orientierung in vielen, vor allem großen Fragen und Herausforderungen des Lebens bietet.

Bildung während der Jugend, Rechtschaffenheit im Berufsleben und ein gutes aktives Netzwerk im Alter gehören zu meinen Grundformeln.

Das Wichtigste aber, was für mich im Leben gilt, sind drei Charaktereigenschaften, die es täglich zu trainieren und unter Beweis zu stellen gilt: Fleiß. Pünktlichkeit. Verlässlichkeit.

Diese drei Grundtugenden haben mein Leben zu jeder Zeit bereichert.

Der Hebel ZEIT

Immer wieder werde ich besonders von jungen Menschen gefragt, was sie tun müssen, um im Leben erfolgreich zu sein, und was einem ein schönes Leben ermöglicht.

Der Hebel Zeit und seine Vorteile sind dann meist Teil meiner Antwort: Wir müssen begreifen, dass wir Zeit nur ein einziges Mal im Leben besitzen, dass wir die Zeit deshalb sinnvoll einsetzen müssen und dass sie im Idealfall für uns arbeitet.

Glück und Vorteil meines Lebens war es, früh begonnen zu haben, eine gewisse Selbstständigkeit zu erreichen. Im Alter von nur 19 Jahren hatte ich den Plan, nach Australien auszuwandern. Meine Eltern hatten ihr Einverständnis gegeben, was damals für unter 21-Jährige noch erforderlich war. Eine medizinische Untersuchung

> Lass dich nicht davon abbringen, was du unbedingt tun willst. Wenn Liebe und Inspiration vorhanden sind, kann es nicht schiefgehen.
> Ella Fitzgerald

im Auswanderungslager in Bremen torpedierte dann unerwartet meine Pläne. Ich sollte mich vor der Abreise mit dem Schiff einer aufwendigen Zahnbehandlung unterziehen, die ich aber ablehnte. So erhielt ich keine Genehmigung mitzureisen und blieb in Deutschland.

Meine Freundin, spätere Ehefrau und Mutter meiner Kinder freute sich, und ich konnte mich früh auf meine berufliche Laufbahn konzentrieren. Ohne Zeitverlust.

Ich besuchte die Verkaufs- und Werbefachschule in Hannover und verdiente mit einer Vielzahl von Tätigkeiten den Unterhalt für unsere junge Familie. Einen Zuschuss von meinen Eltern zur Haushaltskasse lehnte ich ab. Gerade 22 Jahre jung und bereits Vater zweier Kinder, brach ich das Studium ab und legte all meine Kraft und Energie in meinen Beruf als Vertriebsmann. Ich befolgte den Rat meines Vaters und wechselte, bis ich 30 Jahre alt wurde, häufig meine Anstellungen, war auf all meinen Positionen stets der Jüngste, erzielte aber bereits weit überdurchschnittliche Einkommen.

Fleiß und Ehrgeiz brachten mir Erfolg, und schon früh konnte ich spannende Reisen unternehmen, die meinen Horizont beachtlich erweiterten und meine Abenteurermentalität beflügelten.

Der Faktor Zeit kam mir auch in meinen ehrenamtlichen Tätigkeiten zugute, in die ich früh einstieg. Sowohl bei denen in der Politik als auch bei denen im Sport war ich stets der Jüngste. Auch in die berufliche Selbstständigkeit bin ich, mit allen Erfahrungen, die ich in jungen Jahren bereits gesammelt hatte, früh gewechselt.

Der Hebel Zeit hat bewirkt, dass ich anderen oft etliche Jahre voraus war. Heute, da ich 80 bin, gehen mein Sohn, ein Jurist, und meine Tochter, eine tolle Mutter, selbst schon auf ihren 60. Geburtstag zu. Von meinen sechs Enkelkindern befinden sich vier bereits im Studium und erkunden auf Reisen die Welt.

Auch wenn immer Glück und Zufall eine Rolle gespielt haben mögen, meine Erkenntnis lautet: Zeit hat man nicht mehrmals im Leben, sondern genau ein einziges Mal.

Glücklich stelle ich fest: Der Hebel Zeit hat mir ein schönes Leben geschenkt.

2. Ehrenamtlichkeit

Warum liegt eigentlich das Ehrenamt in Deutschland derart am Boden? Warum erscheint es, vor allem vielen jungen Menschen, so unattraktiv, sich aus purer Leidenschaft einzubringen?

Mich hat ehrenamtliche Arbeit, also Arbeit aus eigenem Antrieb ohne Entlohnung, stets bereichert, und ich habe sie früh gesucht.

Bereits als 17-Jähriger trat ich im CVJM der evangelischen Kirche mein erstes Ehrenamt an. Ich spielte in verschiedenen Jugendmannschaften Fußball, Handball, Tennis, Eishockey, nahm an Meisterschaften im Radrennen und Schwimmen teil. Und in der wenigen verbleibenden Freizeit verteilte ich Kirchenzeitungen.

Mit 19 Jahren entdeckte ich die Politik für mich und trat im Großraum Hannover in die Junge Union ein. Kurze Zeit später wurde ich ihr Vorsitzender, saß später als jüngster Fraktionsvorsitzender und in einer insgesamt 16-jährigen Amtszeit im Stadtrat. Neben Familie, Beruf und Bau eines Hauses – mit 26 Jahren per Darlehen selbstfinanziert – war ich auch noch Vorsitzender eines von mir gegründeten Tennisclubs. Mit einem Freund verlegte ich eine kleine Zeitung.

Ehrenämter waren immer spannend und haben mich in vielen Bereichen vorangebracht. Ich habe viel gelernt, das Wissen hat mir die Basis für mancherlei Entwicklung gelegt. Über allem aber stand stets meine Bereitschaft, mich in unserer Gesellschaft einzubringen und mich für sie zu engagieren.

Das ehrenamtliche Engagement ist für mich die Basis einer gesunden, funktionierenden Demokratie.

Von Konfuzius stammt dieser Satz, an den ich bis heute fest glaube: „Je mehr ein Mensch über gute Gedanken nachdenkt, desto besser wird seine Welt und die Welt insgesamt."

Mein Rat an alle jungen Menschen lautet daher: Bringt euch ein, egal, ob in Sport, Kultur oder Politik. Engagiert euch – es wird euch bereichern!

3. Die Stärkeren helfen den Schwächeren

Deutschland war und ist ein außergewöhnliches Land. Reich an Vorteilen in Wirtschaft, Kultur und Lebensqualität. Dies zu achten und dieses Level auch in die Zukunft zu erhalten gehört zu unseren herausforderndsten Aufgaben.

> Sowie man Gutes tun will, kann man sicher sein, Feinde zu finden.
> Voltaire

Bedauerlicherweise ist und bleibt eine Gesellschaft, in der alle Menschen in gleicher Qualität leben, eine Illusion. Umso mehr kommt es deshalb darauf an, dass jede und jeder die Chance erhält, das Bestmögliche aus seinem Leben zu machen. Hierfür sind Elternhaus und Bildung zwei unbedingte Voraussetzungen. Soziale Grundvoraussetzungen sollten darüber hinaus für jedermann so gegeben sein, wie es die Würde des Menschen erwarten lässt. Hierzu gehört für mich der unabdingbare Grundsatz, dass die Stärkeren den Schwächeren zu helfen haben. In wichtigen Angelegenheiten sollte es eine Selbstverständlichkeit sein, dass sich Besserverdienende stärker für das Gemeinwohl einsetzen als der Rest.

Ich selbst habe mich in meinem Leben an diese Maxime gehalten, und dies gern und aus voller Überzeugung.

Zu meinen größten Enttäuschungen, auf die ich zurückblicke, gehört daher der Umgang mit meiner vielleicht manchmal allzu großen Unterstützung in verschiedenen Bereichen. Es gibt leider immer wieder Menschen, unter ihnen auch Journalisten, die offenbar bewusst bloß das Negative sehen wollen und selbst die gut gemeinte Sache auseinanderpflücken und vorsätzlich falsch interpretieren.

Dort, wo ich Hilfe und Unterstützung meinte, ist mir dann in einzelnen Fällen vermeintlicher Eigennutz als Motivation unterstellt worden, wenn ich Menschen oder Projekten in komplizierten Situationen geholfen habe. Ich konnte das nie verstehen.

Ich versichere Ihnen an dieser Stelle und durchaus mit persönlichem Stolz: Für keine meiner Hilfen, ob ideell oder finanziell, habe ich je auch nur eine Briefmarke für mich abgezweigt.

4. Drei wichtige Erfahrungen meines Lebens

In 60 Jahren Berufsleben und über zahlreiche unterschiedliche Aktivitäten habe ich sehr viele Menschen kennengelernt. Es waren Tausende, und dies betrachte ich als hohen Wert, als puren Luxus.

Auch in mehreren Buchveröffentlichung habe ich mich mit verschiedenen Menschen auseinandergesetzt. Am Ende bin ich regelmäßig zum selben Schluss über sie und ihren Weg gekommen.

Was man pflanzt, wird man ernten!

Nie oder wirklich nur ganz selten bin ich Menschen begegnet, die sich über Unwahrheiten, Intrigen oder Betrügereien erst Vorteile verschafft haben, dann aber dauerhaft im Leben oder Beruf erfolgreich geblieben sind.
Meist folgte ein Absturz, die schlechte Saat führte irgendwann zwangsläufig zur schlechten Ernte.

> Was wir heute tun, entscheidet darüber, wie die Welt morgen aussieht.
> Marie von Ebner-Eschenbach

Von meinem Vater habe ich etwas geerbt, was ich als meine größte Schwäche, gleichzeitig aber auch als meine größte Stärke bezeichne: Vertrauensseligkeit. Auch durch die Prägung meines liebevollen, christlichen Elternhauses ist es in der Vergangenheit immer wieder passiert, dass ich mich von Menschen habe täuschen lassen. Die gar nicht in Not waren, wie sie es vorgaben. Oft bedurfte es viel Zeit und Aufwand, um gemeinsam mit meinen Mitarbeitern die Wahrheit über sie herauszufinden.

In den letzten Jahren habe ich nun endlich begriffen, dass es besser ist, gewisse Dinge schriftlich festzuhalten.

Nur wer schreibt, der bleibt.

Stattdessen weniger Handschlagverträge und Bauchentscheidungen. Eine sehr erfolgreiche Entscheidung!

Eine weitere Erkenntnis, die mir mein Vater mit auf den Weg gegeben hat:

Das Geld, das man nicht ausgibt, muss man nicht verdienen.

Diesen Grundsatz verfolge ich eisern. Leider oft bloß bei kleineren Beträgen.

5. Geben und Nehmen

Als Unternehmer, aber auch als Privatperson lag mir der Grundsatz „Geben und Nehmen" immer besonders am Herzen. Gleichsam eine Philosophie, die einen in die Lage versetzt, sich selbst zu kontrollieren.
Geben und nehmen.

> Die Kunst des schönen Gebens wird in unserer Zeit immer seltener, in demselben Maße, wie die Kunst des plumpen Nehmens, des rohen Zugreifens täglich allgemeiner gedeiht.
>
> Heinrich Heine

Ein Unternehmer etwa sollte in allen Angelegenheiten seiner Firma eine Vorbildfunktion einnehmen. Ich kann von meinen Mitarbeitern nur Pünktlichkeit erwarten, wenn ich diese auch selbst praktiziere.

Für mich beinhaltet das Wort Unternehmer darüber hinaus, dass jemand ein Risiko unternimmt, um mit seiner Idee und seinem Einsatz im Markt erfolgreich zu sein. Es versteht sich für mich von selbst, dass er im Gegenzug die Chance erhält, einen eigenen wirtschaftlichen Vorteil zu erzielen.

Unser Land hat immens von seinem risikofreudigen und sehr erfolgreichen Mittelstand profitiert.

Geben und Nehmen – dieser Leitsatz gilt aber auch in jeder privaten Beziehung. Er ist ein Gratmesser für das Funktionieren einer jeden Partnerschaft. Die Aufgaben müssen untereinander gerecht verteilt sein. Jede Partei erfüllt ihren Part. Dieses eigentlich sehr einfache System funktioniert in allen Bereichen des Lebens.

Der Staat verlangt von seinen Bürgern die Einhaltung von Gesetzen und die Bereitschaft, seine Pflichten zu erfüllen. Im Gegenzug gewährt er Rechte. Leider stelle ich zunehmend fest, dass es Dysbalancen in der Umsetzung gibt. Meine Ausführungen zum Thema Korruption in diesem Buch dokumentieren, welch gewaltigen Probleme zu bewältigen sind.

Lassen Sie uns gemeinsam aufpassen, dass wir nicht die Kontrolle über Recht und Unrecht verlieren. Für unser Land und seine Gesellschaft lohnt sich jede Art von Anstrengung.

6. Bürgerliches Engagement

Bürgerliches Engagement ist mir gleichzeitig Lieblingswort und Antrieb für viele meiner Aktivitäten – auch für dieses Buch.

„Die Jahrhundert-Idee“ unterstreicht ja geradezu, wie bedeutsam es ist, sich auch in politische Fragen einzumischen. Ich finde: Man soll und muss Dinge, die falsch laufen, beim Namen nennen, kritisieren, Verantwortliche in die Pflicht nehmen und wenn es gar nicht anders geht, gegen sie demonstrieren.

Mein Buch ist eine Demonstration mit Worten.

Es erfüllt mich, Unzulänglichkeiten klar zu benennen, unabhängig zu sein und mit meiner Lebenserfahrung Vorschläge zu unterbreiten, wie es besser laufen könnte. Natürlich gehören Mut, Tatkraft und Durchhaltevermögen dazu, wenn man Beamten und Politikern Vorteile entziehen und Gelder an Schwächere und Ärmere umverteilen möchte.

Das wahre Glück ist: Gutes zu tun.
Sokrates

Ich erinnere mich, zu welch heftigen Reaktionen mein Vorstoß vor zehn Jahren führte, die Erbschaftssteuer anzuheben, um damit die Bildung unserer Jugend zu finanzieren – meine Idee eines Generationenpakts. Ich bekam Dutzende böse Briefe und wurde beleidigt, dass man so etwas gerade von mir, einem doch in vielen Fragen konservativen Menschen, nicht erwartet hätte.

Aus tiefer Überzeugung heraus kämpfe ich seit nunmehr 60 Jahren gegen die Geißel Korruption. Sprach ich diesbezüglich mögliche Mitstreiter an, hörte ich oft den Satz, das hätte doch alles keinen Sinn. Für mich die traurigste aller Ausreden, sich herauszuhalten.

Bei all meinen Aufgaben, die ich besonders im Ehrenamt übernahm, habe ich insbesondere die Personen bekämpft, die ein Ehrenamt dazu missbrauchten, persönliche Vorteile zu erzielen.

Positive Beispiele für bürgerliches Engagement

© Achuberth Architekten

Das Teehaus in Timmendorf wurde 2013 von mir geplant und finanziert. Es wurde später als Schenkung an Timmendorfer Strand übergeben.

Positive Beispiele für bürgerliches Engagement

Die traditionsreichen Hamburger Kammerspiele wurden von mir und meinem Partner Dirk Schmidt-Prange im Jahr 1994 übernommen. Die Gesamtinvestitionen betrugen 4 bis 5 Millionen Euro. Im Jahr 2016 ist Dirk Schmidt-Prange verstorben, und seitdem bin ich alleiniger Besitzer der Kammerspiele.

Die Hamburger Kammerspiele sind eines der letzten Privattheater in Deutschland mit einer jüdischen Vergangenheit und haben somit einen besonderen Stellenwert für die Stadt Hamburg.

Erst- und letztmals erwähne ich an dieser Stelle, dass ich in mehr als 60 Jahren Berufsleben Steuern allein in Deutschland abgeführt habe. Meine vielen finanziellen Unterstützungsleistungen, meine Zahlungen zur Verhinderung diverser Insolvenzen stammten allesamt aus meinen persönlichen Ersparnissen. Ebenso wichtig ist mir, eine weitere Besonderheit meines bürgerlichen Engagements hervorzuheben: Sie liegt darin, dass ich neben etwa fünf bis sechs Millionen Euro an finanzieller Unterstützung auch etwa 16.000 bis 17.000 Stunden unentgeltlich für die verschiedenen Projekte gearbeitet habe.

Hier kommt erneut der Hebel Zeit zum Tragen. Nicht allein das Geld nämlich entscheidet meiner Meinung nach in jedem Fall über den Erfolg.

Es gibt auch andere wohlhabende Menschen, die ihr oft ungleich höheres Einkommen in steuerlich attraktiveren Ländern verbuchen, um dann wiederum als vermeintliche Wohltäter und Gönner einzelne Projekte in ihrer Heimat zu alimentieren – mit minimalen Beträgen in Relation zu ihrem Vermögen.

Leider ist mein persönliches bürgerliches Engagement in der Politik nicht immer auf großen Dank gestoßen. Darauf kam es mir auch nicht zwingend an. Jedenfalls aber hätte ich mir doch gewünscht, nicht auch noch auf Gegenwehr zu stoßen, die mir das Leben schwermacht. Meine Hoffnung richtet sich an alle anderen, die selbstlos Gutes tun: Möge es ihnen anders ergehen.

Ich jedenfalls danke allen, die mir gern bei der erfolgreichen Umsetzung meiner Projekte geholfen haben!

Ein authentisches Beispiel: Als ich 1990 als Außenseiter mit dem besten Ergebnis der Vereinsgeschichte zum Präsidenten des Hamburger SV gewählt wurde, erkannte ich nach kürzester Zeit, dass diesem stolzen und traditionellen Klub eine Vielzahl von kleineren und größeren Korruptionsfällen zu schaffen machte.

Der Verein war überschuldet, er konnte seine Kredite nicht bezahlen und stand vor der Insolvenz. Vielleicht wäre ich ohne diesen Umstand gar nicht mit einem derart überzeugenden Sieg aus der Wahl hervorgegangen. Aus der klammen Kasse konnten wir die Gehälter jedenfalls kaum mehr bezahlen, auch andere Verbindlichkeiten waren fällig.

Bei einer Prüfung fiel mir auf, dass in jeder Bundesligasaison etwa 3000 Ehrenkarten vom HSV gratis verteilt wurden. Dies entsprach einem jährlichen Fehlbetrag in Höhe von einer Million Euro. Mit einem nüchternen Brief schrieb ich all die Personen an, die solch eine Ehrenkarte bezogen, fragte, was sie eigentlich Herausragendes für unseren Verein geleistet hätten, um solch eine Bevorzugung zu beanspruchen, und schaffte die Ehrenkarten kurzerhand ab.

Die Reaktion darauf war noch fürchterlicher, als ich erwartet hatte: Ich wurde angefeindet, beleidigt und sogar bespuckt.

Viele haben mir den Entzug ihrer Ehrenkarte bis zum heutigen Tage nicht verziehen. Aber: Bereits zwei Jahre darauf war der Hamburger SV schuldenfrei, und ich wurde als Präsident mit mehr als 96 Prozent der Stimmen in meinem Amt bestätigt.

An mir haftete das Image des bösen Buben, der hart war und kompromisslos, der aber etwas konnte und erreichte. Genau dies habe ich auch bei anderen Gelegenheiten unter Beweis gestellt. Etwa bei der Sanierung der insolventen Hamburger Kammerspiele, bei der Mitarbeit in vielen Funktionen als Helfer in Sport, Kultur, Politik, aber auch bei humanitären Hilfsaktionen, die ich gern für mich behalte.

Bis heute führe ich ein spannendes und interessantes Leben. Ich habe das große Glück, frisch und gesund zu sein und bin als gläubiger Christ dankbar für all dies!

7. Zukunft

> Die Zukunft hängt davon ab, was wir heute tun.
> Mahatma Gandhi

Mein Dank gilt all meinen Freunden und Bekannten, die mich in meinem Leben begleitet haben. Viele sind in den vergangenen fünf Jahren gestorben. Ein besonders enger Freund erst Ende des Jahres 2022.

Ich bin verheiratet mit einer jungen Frau, Chun-Li, einer Chinesin, Sportwissenschaftlerin, die mich täglich motiviert, meinen Körper und meinen Geist gesund zu halten. Meine vier Kinder und insgesamt sechs Enkelkinder sind ein lebendiges Zeugnis, dass und wie die Welt sich weiterdrehen wird. Ich aber lebe und will leben, als wäre meine Zeit noch lange nicht gekommen.

In der Zeit, in der ich dieses Buch verfasse, lebe ich mit meiner Familie auf der thailändischen Insel Koh Samui. Hierher sind wir für ein Jahr ausgewandert, und unsere eurasische Tochter Sara Li besucht die Internationale Schule. Täglich fahre ich rank und schlank und in kurzen Hosen auf dem Motorroller über die Insel. Zum mittlerweile 25. Mal bin ich zu Gast auf dieser Trauminsel, ein Paradies, wie für mich gemacht: fröhliche Menschen, leichtes Essen, Massagen aller Art, Sonne vom Himmel und im Herzen. Es bedeutet Glück für mich, dies zu erleben.

Im September 2023, wenn dieses Buch erscheint, werden wir in der Heimat zurück sein, und wir alle freuen uns auf Deutschland, auf Hamburg, auf Timmendorf und auf Berlin, die Orte, in denen wir leben und uns wohlfühlen.

Ich freue mich, auf dem schönsten Planeten des Universums zu leben, und verspreche hier und heute, nur noch Gutes zu tun und das Böse zu verachten. Jeden Tag bete ich dafür, dass der Krieg in Europa beendet wird und das Böse seine unwiderrufliche Strafe erhält.

Ich bin mir sehr sicher, es wird so kommen.

Danke für mein Leben. Danke an alle, die mich begleitet haben, und danke für eine gute Zukunft.

Jürgen Hunke

Von wegen „gelebtes Leben!“

Du wirst 60 – und was dann?

Die Perspektiven sind vielversprechend: Wir leben länger, und wir bleiben länger gesund. Die körperliche und geistige Fitness eines 65-Jährigen 2017 entspricht der Fitness eines 55-jährigen 1997. Wir sind fitter, flexibler, leistungsfähiger. Zu Recht sprechen wir von den „jungen Alten“, für die Rentenalter nicht Ruhestand bedeuten muss.

Schluss also mit der Behauptung vom „gelebten Leben“. Autor Jürgen Hunke hat in seinem Buch „Du wirst 60 – und was dann?“ eindrucksvoll dargelegt, „was dann“ das Leben noch an Chancen und Überraschungen bereithält. Eine Pflichtlektüre für alle ab 50 Jahren, die Freude daran haben, ihr Alter erfolgreich und ereignisreich zu planen.

Liebe Welt, wie hast du dich verändert!

Wohlfühlen – Der Megatrend

Die Geschichte lässt sich nicht zurückdrehen. Die Zukunft lässt sich nicht manipulieren. Als der anerkannte Querdenker Jürgen Hunke sein Buch „Wohlfühlen – Der Megatrend" schrieb, konnte niemand ahnen, in welche Richtung sich unsere Welt entwickelt.

Umso spannender und aufschlussreicher ist es jetzt nachzulesen, welche umwälzenden Veränderungen die Menschheit mit ihrem tief verwurzelten gesellschaftlichen und demokratischen Verständnis bis heute verarbeiten musste. Mehr denn je stellt sich die Frage: Wie berechenbar ist unser Leben noch?

Mit dem Blick zurück schauen Sie klüger nach vorn.

Gebundene Ausgabe – 160 Seiten – 19,90 Euro – ISBN 978-3-935436021

TRANSPARENZ gegen Altersarmut und Arbeitslosigkeit

Die untrainierte Gesellschaft

Wohin driftet Deutschland? Was läuft hier falsch? Warum schaden sich die Menschen selbst, und worunter leidet das demokratische Grundverständnis? Welche neuen Chancen tun sich auf? Was muss sich in unserem Denken und Handeln und in unseren Herzen grundlegend ändern, damit wir angstfrei in eine erfolgreiche Zukunft gehen können?

Jürgen Hunke beantwortet diese Fragen. Er spricht Klartext und rechnet mit einem Staat ab, der nichts dringender braucht als Innovationen, Impulse und Visionen. Hunkes Themen: Globalisierung, Transparenz, Arbeitslosigkeit und Altersarmut. Sein Ziel: „Verantwortlichkeit" – sich selbst und dem Staat gegenüber.

Gebundene Ausgabe – 160 Seiten – 19,95 Euro – ISBN 3-935436-25-4

Faszination HARMONIE

Der Weg des Buddha

Wir haben nie Zeit. Wir hetzen durchs Leben und durchs Internet – atemlos. Wir sind getrieben von Hektik, Pflichten und Erwartungen. Wo sind sie, die Momente der Besinnung und des Innehaltens? Wo sind sie, die Augenblicke der Erholung, des Kraftschöpfens und der Ruhe?

Solche Phasen des Glücks finden Sie in diesem Buch. Schauen Sie bitte 30 Sekunden auf die Augen der hier abgebildeten Titelseite – und Sie sind abgelenkt von der Unruhe in Ihrer Umgebung. „Der Weg des Buddha" ist der Blick und Einblick in eine besondere Weltanschauung, geprägt von der Faszination, ein Leben in Harmonie zu führen.

Gebundene Ausgabe – 214 Seiten – 29,90 Euro – ISBN 978-3-7243-1004-4

KORRUPTION IST WIE KRIEG – Watergate am Rothenbaum

Das Machtkartell

Vor über 30 Jahren habe ich in meinem Mikado Verlag dieses mutige Buch veröffentlicht. Es geht um eines der größten Grundstücke zwischen Rothenbaumchaussee, Mittelweg und Hallerstraße. Es war der alte berühmte Sportplatz des HSV, wo die großen Erfolge dieses traditionsreichen Klubs gefeiert wurden. Das Gelände hatte schon damals einen Wert von 150 Millionen DM. Damit hätte der Verein sich nicht nur entschulden können, sondern auch den Grundstein für eine erfolgreiche Zukunft legen können. In Dortmund wurden die alten Arenen mit großer Sorgfalt für den Verein und die Öffentlichkeit erhalten.

Die Politik in Hamburg hatte eine andere Idee. Sie wollte dort Sozialwohnungen und Altenwohnungen bauen. Aber was steht heute dort? Ein Medienpalast und viele teure Eigentumswohnungen.

Bei mir gingen 30.000 Unterschriften als Protest ein! Ich habe damals mit befreundeten Journalisten das Buch mit dem Titel „Das Machtkartell" veröffentlicht. Meine Fragen, wie kommen in einer Stadt solche weitreichenden Entscheidungen zustande, die offenkundig in einsamen Zirkeln getroffen wurden und als Mogelpackung in die Öffentlichkeit gelangen, wurden bis heute nicht beantwortet.

Ich hoffe, unsere Jugend nimmt solche Beispiele ernst und sorgt dafür, dass jede Form von Korruption im Keim erstickt wird.

Dann hat sich auch mein Mut, mein kritisches Engagement gelohnt!
Jürgen Hunke

Gebundene Ausgabe – 296 Seiten – 19,95 Euro – ISBN 3-935436-04-1

Nachwort

RICHTIG UNBEQUEM

„Bequemlichkeit ist die größte
Bremse der Freiheit.“

Fadime Delice

Dieses Buch ist eine stille Demonstration!

Liebe Leserinnen, liebe Leser,

ich bin Inhaber des Mikado Verlages, in dem dieses Buch erscheint, und ich blicke auf mehr als 50 Jahre berufliche Selbstständigkeit zurück.

Während meines facettenreichen Lebens bin ich unterschiedlichen geschäftlichen Aktivitäten nachgegangen. Aber ich habe mich darüber hinaus auch beständig mit zentralen politischen und kulturellen Fragen sowie Belangen des Sports auseinandergesetzt und mich auf diesen Feldern über Jahrzehnte und bis heute ehrenamtlich engagiert.

Im Juni dieses Jahres hatte ich das große Glück, 80 Jahre alt zu werden. Diesen Geburtstag nehme ich zum Anlass, zu den aktuell wichtigsten Themen unserer Gesellschaft Stellung zu beziehen.

Und nicht nur das: Es ist mir ein Anliegen, unserem Land für die Zukunft einige ausgewählte Impulse geben. Insbesondere unsere Jugend benötigt neue Hoffnung und einen klaren Plan, worauf es in den kommenden Jahren ankommt. Die Älteren unter uns möchten wissen, warum die Probleme um eine gerechte und zum Leben oft untaugliche Rente von den Verantwortlichen nicht offen und ehrlich behandelt werden. In diesem Buch gebe ich Aufschluss.

Leider wurden in der Vergangenheit schwerwiegende Fehler begangen, die die Verantwortlichen verschweigen. Die aber dennoch Millionen von Bürgerinnen und Bürgern existenziell bedrohen.

Die Zustände sind so miserabel und ungerecht, dass die Menschen eigentlich tagtäglich auf die Straße ziehen müssten, um zu demonstrieren. Doch offenbar fehlt ihnen hierfür die Kraft.

Mein Buch ist eine Demonstration und ein Aufruf!

Liebe Leserinnen und Leser, wir alle müssen aufpassen, dass wir von einzelnen Gruppierungen in unserer Gesellschaft nicht bloß benutzt werden, die ausschließlich ihren eigenen persönlichen Vorteil im Blick haben.

Ich bitte Sie daher: Lassen Sie uns gemeinsam wachsam sein und bleiben!

Herzlichst
Ihr Jürgen Hunke